子どもに話してあげたい、ちっちゃなお話⑤
――ペダゴジカルストーリー

洞穴《ほらあな》のオニ

大村祐子さん（「ミカエル・カレッジ」代表）
イラスト・今井久恵さん

ここはふかい、ふかい森のなか…お日さまの光もめったにとどきませんし、草原を吹く風がとどくこともありません。ときおり、獣《けもの》や鳥が迷いこんで来ることがありますが、その多くが帰る道を失い、食べるものも見つけられずに死んでしまうのです。ですから、この森の近くに暮らす人々は、迷い、さまよったあげくに戻れなくなることを恐れて、めったに森に近づく者はありません。

近頃は口にする人もないのですが、実は、人々がこの森に近づかない訳はもう一つあるのです。この森の

ペダゴジカルストーリーは、子どもたちをよりよく導くためのお話です。上手に話してあげましょう。

さらに奥深くに、大きな洞穴《ほらあな》があり、その洞穴は森よりもさらに深く、この世とは思えないほど暗くて冷たい所なのです。そして、そこにはオニが住んでいると云い伝えられているのです。

あなたたちは、世の中にたくさんの争っている人たち、あちこちで醜《みにく》く奪い合っている人たち、ひどく傷つけ合っている人たちがいることを知っているでしょう？　その人たちも、もともとは神さまの子どもたちで、生まれてくる前には天上で天使に守られながら、穏《おだ》やかに、静かに、仲良く、楽しく暮らしていたのですよ。けれど、この世に生まれてから、小さなことでお友だちと喧嘩《けんか》をしたり、弟や妹をいじめたり、お父さんとした約束を破ったり、お母さんを悪く言って悲しい思いをさせたり…そんなことをしているうちに、悪いことが大好きなオニにつきまとわれてしまい、以前持っていた優しい心や、穏やかな心や、嬉しい気持ちをすっかり忘れて、始終、人の悪口を言い、乱暴をし、人の物を奪い、決まりを破るひどい人になってしまったのです。

オニは、村や町や都会にやって来て、意地の悪い子どもや、約束を守らない子ども、悪いことばを使う子ども、人のものを取る子どもを見つけて、そっと後ろにまわり、もっともっと悪いことを教えるのですよ。そうして、ずーっとオニにつきまとわれた子どもは、やがておとなになり、ひどく争ったり、奪い合ったり、傷つけ合ったりするようになるのです。

あなたは昨日公園で、さっちゃんが使っていたバケツを黙って取りましたね。そして、「かえして！」って泣いているさっちゃんに向かって「ばか、ばか」と言ったでしょう！　それから君は今朝、学校へ行く前にゲームをしていて、おかあさんに取り上げられてしまいましたね。そして「おかあさんなんて死んじゃえ！」と言いましたね。あっ、それから君、君はおとと い、弟のおやつを取って食べていましたね。そうそう、あなたもさっき、妹を突き飛ばしていましたね。

もう、そんなことは止めましょうね。そんなことを続けていたら、オニがあなたのところにやって来ますよ！

E N T S

子どもに話してあげたい、ちっちゃなお話⑤──ペダゴジカルストーリー
「洞穴の鬼」
大村祐子さん（「ミカエル・カレッジ」代表） 1

特集
早期教育と学力、才能を考える
──してよいこと、よくないこと 6

幼児期の基本は生活と遊びの豊かさ
汐見稔幸さん（東京大学大学院教育研究科教授） 7

脳から学ぶ早期教育、学力、そして才能
高田明和さん（浜松医科大学名誉教授） 20

子どもに本当に必要なことを見極めながら
吉良 創さん（南沢シュタイナー子ども園教師） 28

”自立する力“を邪魔しないで
見尾三保子さん（「ミオ塾」主宰） 38

子どもには「チャレンジするこころ」を
グレゴリー・クラークさん（多摩大学名誉学長） 46

オランダ・北欧教育に見える？ 日本の未来
柴田敬三（本誌プロデューサー） 54

「自然流とシュタイナー」子育て・幼児教育シリーズ
子どもたちの幸せな未来⑤
「早期教育と学力、才能を考える」
もくじ

表紙イラスト／はせくらみゆき　イラスト／今井久恵
デザイン／石塚亮（Creative House ONE'S）

C O N T

「自然流とシュタイナー」子育て・幼児教育シリーズ

子どもたちの幸せな未来⑤

早期教育と学力、才能を考える

してよいこと、よくないこと

子どもが生まれ、歩けるようになり、乳幼児期が終わるころになると多くのお母さんとお父さんは、子どもの「教育」のことを考え始めます。

そろそろ何か教室や塾に行った方がいいのかも、と。

英語、水泳、知育、ピアノ、ダンス、バイオリン……。

手遅れになるのでは？　まわりから置いて行かれるのでは？

でも、ちょっと待ってください。

「早期教育」を受けさせるにしても、そうでないにしても、まず誰のための、何のための教育なのかを考えて欲しいのです。

そのためのたくさんのヒントを用意しました。

幼児期の基本は生活と遊びの豊かさ

汐見稔幸さん（東京大学大学院教育研究科教授）

しおみ としゆき
1947年、大阪府生まれ。東京大学大学院教育学研究科博士課程修了。現在、東京大学大学院教育研究科教授。東京大学教育学部付属中等教育学校校長。専攻は教育学、教育人間学。子どもは3人。育児問題に関心を広げる中で赤ちゃんの科学に関心を持つようになる一方、現代の女性、男性の生き方とその関係のあり方、家族問題などもテーマにしている。著書は『0—5歳素敵な子育てしませんか』旬報社、『世界に学ぼう！　子育て支援』フレーベル館、『おーい父親』大月書店、『はじめて出会う　育児の百科』小学館など多数。

「早期教育」といっても、最近では訓練的に子どもに教え込む習い事はすっかり陰をひそめ、遊びながら、楽しみながらが増えてきました。心配なのは、むしろ、親が家庭で「もっとがんばって！」という〝早期教育的な雰囲気〟をつくってしまうことです。

幼児期に最も大切なのは、生活の豊かさであり、遊びの豊かさです。

塾や教室を上手に活用するのはいいのですが、過剰な期待は子どもをゆがめるだけです。

早期教育は悪いのか

――汐見先生は早くから早期教育の現場を見てきましたが、いまの早期教育の現場はどうなっていますか？

2～3歳の子どもに教育を受けさせることは、英才教育といわれれて昔からありましたが、それはごく特殊なことでした。しかし、バブルの盛んだった時期に早期教育を看板にした教室がたくさんでき、教育熱心な親が「少しでも優秀な子どもに」と、そういう教育に流れていきました。

それはちょうど重厚長大型の産業の先が見えて、軽薄短小型の産業に転換していかなければならないといわれた頃です。教育産業は21世紀に向けた主要な産業になっていくという分析から、いろいろな企業が教育分野に参入してきたという面もあったと思います。

当時、私はいくつかの教室を実際に見せていただいたのですが、どう見ても子どもたちが元気にやっているとは見えませんでした。いくつかの教室では競争をあおる風潮がエスカレートしていきました。あまり吟味されたとはいえない方法で、子どもたちにどんどん文字や数を教え込んだり、脳を鍛《きた》えるという形で進めていたのです。

バブルが過ぎたころに、テレビなどのマスコミで早期教育の様子を報道する番組が増え、「ちょっとおかしい」という感じがでてきました。

また、幼児期から文字や数を教えることに熱心だったある塾では、内部のモニター制度で生徒のその後を調べた結果、幼児期に優秀であった子どもが必ずしも優秀なまま育っているとは限らない、むしろ精神的な混乱を呈している子どももいる、一生懸命にがんばらせればがんばらせるほど、社会性がなくなってしまうといったデータが出てきました。

こうして、90年代の初めには、可能な限り早くから訓練すれば優秀になるというほど、子どもの成長は単純ではない、むしろ問題を抱えてしまう子どもがたくさんいる、ということが常識になってきました。

――しかし、早期教育は減るどころかますます盛んになっていますね。

理由の一つには、90年代の後半になればなるほど、孤立して育児をする人がどんどん増え、朝から晩まで母親だけで子どもを見ていることに耐えられなくなり、追いつめられて、子どもに厳しくなりすぎる親が増えてきたことがあります。できたら家の外に子どもを連れて行って、親自身もストレスを発散できるような場が欲しいと、親のたまり場みたいなものをみんなが求めるようになりました。しかも、そこで子どもが勉強できて、少しでも伸びることができれば一挙両得ではないかということで、こうした教室への需要が高まっていったのです。

二つめは、バブルが崩壊した後に日本の学歴社会が少し崩壊の兆しを見せ始めたことが挙《あ》げられます。大企業がつぶれることが頻繁《ひんぱん》に起こったことで、偏差値を上げて有名大学に入り、大企業に入れば一生幸せに過ごせるというサクセスストーリーが描けなくなりました。そして、偏差値を上げているだけでは駄目だ、何か自分が誇れるような技術を持っていないと社会の中で生き残っていけない、一芸に秀でさせた方がいいといって、ある種の一芸主義が親の教育目標になっていったのです。そうなると、何がうちの子にとって一芸になるのか、どうやってそれを発見すればいいのか、そのためにはいろいろな習い事をさせてみなければわからないだろう、となってきたわけです。こうして、従来の勉強だけでなく、さまざまな教育機関に早期から通わせようという雰囲気が90年代以降に強くなっていきました。

三つめには、「早期教育」という言葉が少し心配な言葉になってきたことで、業者が「うちは早期教育をしていません」というところが増えてたことがあります。業者は悪い評判が立つとつぶれてしまいますから、子どもに無理をさせてはいけない、遊びのような感じで知らないうちに勉強になっている、練習しているという方が大事なのだと言い始めました。実際のやり方も改善されていきました。

いまではむしろ、教室では楽しく遊んでいるのに、親が家で「〇〇ちゃんの方が先に行っちゃったじゃないの？ がんばりなさいよ！」と叱咤《しった》激励して、訓練的にやってしまうことに対して、経営者が困っているところが多いですね。子どもはだんだんイヤになってしまいますから、教室の経営者は親に「お願いだから無理をさせないでください。ここに来るだけで十分です」といい始めています。

このように、この10数年の間に、訓練主義的な早期教育はかなり姿を消しました。いまでも早期教育を標榜《ひょうぼう》しているところも若干はありますが、多くの教室では1～3歳から形式的な訓練をすることは、かえって子どもをおかしくしてしまうことがあると心得ています。その子の年齢に応じて楽しくやっていく中で、「興味を持ったり、関心がわけばやがて自分からやり始めますから」という雰囲気の教室が多いですね。

また、お稽古《けいこ》ごとの種類もアート系、音楽系、体育系などかなり広がってきました。とくに増えているのは英会話関係や芸術系だと思います。ピアノ教室でも親からの要望で2歳児、3歳児の教室を開かざるを得なくなってきました。2~3歳児ではピアノはできませんから、和音を聞かせてあてさせたり、リトミック*的なものを取り入れたりしていて、それはそれで賢明なやり方だと思います。

早期教育への批判が定着したために、子どもに無理をさせないで楽しいお稽古ごとならいいのではないかと業者も提案するようになり、それに親が少しずつ乗るようになってきたというのが現実だと思います。その背景として、親の孤立化や学歴社会の変容などを背景として、教室のニーズそのものはむしろ増えているという構図だと思います。

NHKの「すくすくネットワーク」という育児番組で「何歳からお稽古ごとをさせたいですか?」というアンケートをとったところ、平均年齢は2・5歳でした。つまり、2歳児ないしは3歳児からお稽古ごとをさせるのが普通になっているということです。

教室や塾の上手な使い方

――「早期教育」をひとくくりにして、単純に捉えることはできなくなっているのですね?

そう単純にはいえないでしょうね。中身を吟味して、丁寧《ていねい》に議論されなければいけないと思いますし、朝から晩まで子どもと二人きりで育てなければならないことに親が追いつめられて、耐えられないのであれば、近所にいい教室があったら連れて行った方がいいということもあります。

また、若い親は、自分が小さいときには塾や学習塾に行ってお稽古ごとや勉強をするのが当たり前だった世代ですから、塾や教室に比較的抵抗がありません。自分は小学校から塾に行ったけれど、自分の子どもはできれば幼稚園から行かせたいと思う人も多いですよ。

ただし、それで子どもたちがうまく育っているかというと、また別の問題です。

いまの状況を考えると、2~3歳で、少なくとも4歳

＊音楽教育法の一つ。体の動きを音楽に結びつけて、リズム感覚を養うもの。

くらいまでにそうした教室に連れていきたいという気持ちはわからなくはありません。けれども、少なくとも4歳くらいまでの習い事では、上達をさせようということを考える必要はないですし、むしろ考えない方がいい。楽しく遊んでいるうちに、それに興味を持つ程度の効果以上のものを期待してはいけないと思います。

「こんな遊びみたいな事をやっているだけで、なぜ月謝を払わなければいけないの？」と思うくらいの教室が一番いいのです。2歳くらいの子どもに「ハイ、並んで」「順番だよ」とやっているところはかえって心配です。

親から見れば後者の方が熱心に見えるかも知れませんが、2～3歳のうちから指示され、命令され、激励され、評価されるという世界が入り込んでくると、子どもはまわりの大人に良く思われようと、小さくまとまっていくしかない。自分がやりたいことをどんどんやっていく、やりたくないことは「やりたくない」とはっきりいえるような自我が育っていくとは思えません。

しかも、心の深いところにある（本当はこんなことはやりたくない、もっと自分らしく生きたい）という気持ちや、（好きなことを何時間でもやっていたい）という子どもらしい欲求を我慢するしかないから、本当の自我は育ちません。大人に合わせる自我ばかりなって、どこかで歪《ゆが》みが出たり、親への恨《うら》みとなって、ある時に——たとえば思春期あたりに反抗的になったり、無気力になりかねません。

——遊びながら関心を持たせるような早期教育でも、悪影響があるということでしょうか？

早期教育の一つ一つがその子の発達にどういう影響があるかは、研究者の間でもわかっていません。しかし、家庭が〝早期教育的な雰囲気〟をつくってしまうと、子どもにとってかなりマイナスになってしまうということはいえるのです。

〝早期教育的な雰囲気〟とは、「負けないでがんばらなければいけない」とか「失敗してはいけない」といった「いけない」「ねばならない」「人に勝つことが大事なんだ」ということが、知らず知らずにはびこってしまっているような家庭の雰囲気のことです。子どもをおかしくしてしまうのは、早期教育の一つ一つではなく、実はこうした家庭の中の〝早期教育的な雰囲気〟の方だと思われるのです。

子どもの育ちを考えるときは、良い悪いについて過度に評価しないということが大事です。けれども親からすると「がんばっている姿を見せて欲しい」「せっかく行っているのだから上達して欲しい」という気持ちがどうしても出てくるんですね。そうするといつの間にか「がんばれ、がんばれ」という雰囲気になってしまいます。

くり返しになりますが、4歳以前のお稽古ごとは、親が楽をするためのちょっと洗練された遊び場所を子どもに提供している程度なのだ、そこでもし何かに興味を持ってくれれば儲《もう》けもの、という程度で考えているのがちょうどいいのです。

――「期待しないように」とわかってはいても、内心では期待しないではいられません。

そうだと思います。だから、近所に子育て支援センターや児童館があるなら、そこを上手に活用すれば教室には行かなくてもいいと思います。そういう場所に子どもと一緒に行って、絵本を読む方法を教えてもらったり、どういう音楽を聴かせればいいのかを相談したり、親と一緒にどんな歌を歌えばいいのか、どういうおもちゃがいいのかを聞いて、家で適当にやればいいわけです。

少なくとも4歳くらいまでは、特別に教育的な環境を整えなくても、興味のあるものを気が済むまでさせてあげればいいし、親と一緒に絵を描いたり、歌を歌ったりする体験を適切にやっていれば、その子が持っている内的な潜在力は少しずつ花開いてくるものです。

そういうことが自分でできる、あるいは自分の近所にそういうことをさせてくれる場所があったり、そういうことを助けてくれる場所がある人は、わざわざ塾や教室に行かなくても十分なのです。

ただ、日本の社会は、かならずしもそういう助けになる場所があるとは限りませんから、教室に行くことで他のお母さんに出会ったり、教室の先生にアドバイスをしてもらって、初めてわかることも多いと思います。

教室の側も、ピアノや英語といった習い事を教えてるだけではなく、親御さんのいろいろな悩みや育児相談に乗ったりするようになってきています。いまの教室の指導者は子どもたちに習い事を教えるだけはなく、親御さんにどういうサポートをしたらいいのかということにも知恵を出さなくてはいけなくなっています。その意味では、いろいろな教室が子育て支援機関みたいになってきているわけです。

あくまでも遊びや実体験が基本

——「4歳くらいまでは」というのはなぜですか？

4歳ないし5歳を超えると、自我が育ってきて子どもはいやなら「いや」と言えるようになりますし、なぜこの習い事をやるのかが多少は言葉でコミュニケーションできるようにもなります。それから本格的に始めても十分です。自分で自分をコントロールする力もある程度育ってきます。データ的にも、それ以前に始めた子どもの方が優秀で、4～5歳から始めた子どもが劣るということはありません。モーツァルトやベートーベンも本格的に始めたのは4歳以降です。それまでは見よう見まねで遊んでいただけですから、4歳くらいまでは遊びの延長で十分だと思います。

別の見方でいうと、はっきりいって今の子どもたちは遊びが足りないですね。親のせいでも子どものせいでもありませんが、子どもたちが地域社会の中で遊びほうけるということができなくなっています。

ちょっと前までの子どもは、人生の最初の数年間を遊びほうけて育ったわけです。遊びほうけるということは、人生を楽しむことを練習していたことになります。自分で人生を意味づけ、自分で遊びをつくり、気が済むまで遊ぶ。それを繰り返して大きくなってくると、やがて「自分が好き」だけではいけない世界があるということを知り、それも含めて自分で引き受けようと成長していくわけです。

遊びは、仲間をつくる能力やストレスに耐える能力、失敗したときに乗り越える能力などいろいろなものを訓練してくれますが、それがいまは十分にできなくなってしまいました。子どもに体験をさせようと親が公園などに連れて行っても、「あれをやってごらん、これをやってごらん」といわなくてはならなくなっています。子どもは自分で考え、自分で選んでやっているのでなく、選ばされて、評価されてやっていることになりますから、その子が持っている潜在的な能力を自分で開発していくという一番大切なことができなくなっています。

大切なのは、習い事を早くすることよりも、その子の遊びの世界や体験の世界がどれだけ豊かになっていくのかがまず第一です。子どもの体験を豊かにするための一つとして教室も利用しよう、そういう発想で教室を使って欲しいと思います。

――毎日いろいろな教室に行っている子どももいますが。

子どもの生活全体を眺《なが》めてみて、自分のペースでやっている自発的な遊び、自分のペースで選んでいける遊びの世界を持っているかを見直してみること、さらには、土をいじり、花の匂いを嗅《か》ぎ、冷たい水に触れ、ひやっとした空気を味わうといったような、子どもが体で記憶していくような体験をしているというようなベースがあって、お稽古ごとをしているかどうかを見直して欲しいですね。そういう体験の豊かさが基本にあるのなら、問題ないと思います。

しかし、いくら「遊びながら」といっても、子どもからすれば決められた時間帯に、決められた場所に行って拘束されるわけです。しかも、やっているうちにだんだん難しくなってきたりすると、「僕やりたくない」「なんであんなことをしなければいけないの」という気持ちが出てきます。親からすれば「せっかく1年半もやったのに、なんでいまやめるっていうのよ」という気持ちになります。月謝を払っているということもありますから、「がんばって続けようね」「もう少しやろうね」となって、知らず知らずのうちに「がんばれ、がんばれ」と〝早期教育的な雰囲気〟になってしまいがちです。そういうときに、あまり無理強いをしないことです。

――あくまでもベースは遊びや自然の中の実体験において、それを踏まえた上で、今の現実や地域の中でたまには塾や教室に行くのならいいのですね。

そうです。そういう体験を豊かにすることはとても難しくなっていますが、「子どもにとって一番大事なのはそこだよね」という気持ちが親にないと、おもしろいお稽古ごとが見つかったからそれに行かせて満足してしまうということが起こります。お稽古ごとから帰ってきたらテレビを見たり、ゲームをやるだけで、生活そのものがどんどん受け身になってしまう。そういう状態を放置しておいて、お稽古ごとだけ「がんばりなさい」というのでは逆転しています。

親として私たちが目指さなければいけないのは、わが子の生活の豊かさであり、体験の豊かさであり、遊びの豊かさなんだということは常に忘れないでいただきたいと思います。

――外で遊んでいるよりも、教室に行っている方が意味があることをやっているような気がする親御さんもいるようです。

「がんばりなさい」という雰囲気のなかで自分が育てられた親は、早期教育的な雰囲気にはまりやすいのです。

自分ではできないことを見極めて

——塾や教室に行かせるのは親の責任の放棄ではないか。親の責任をもう一度考えるべきではないかという意見もありますが。

しばらく前の子どもは、地域社会に放牧されて育ちました。あちこちに厩舎《きゅうしゃ》があって、出入り自由で、夕方になったら自分の厩舎に戻されて餌《えさ》を与えられ、しつけを受けて、翌日になったらまた地域社会に放牧され、遊びほうけていました。好きな体験をいろいろやりましたし、放牧されたことで、自分の人生を自分でつくる練習をしていたわけです。

昔は親が一から十まで子どもを育てていたわけではないのです。地域社会に放牧しておくと、いろいろな人と出会いながら、友達同士でたくらんで遊んでいた。それは、家庭の中で親が「これをやってみろ」というよりも、ずっと効果的な教え方でした。つまり、地域総ぐるみで子どもに教え、育てていたわけです。

その放牧ができなくなってしまった現在では、自宅という厩舎の中で育てなければいけなくなりました。でも、親は子どもを客観的に見られないし、子どもへの期待が強すぎて、「なんでそんなことができないんだ！」といってしまったりします。親の方が子どものこころを傷つけやすい。

かといって、小さいときからほめてばかりいたせいで、自分はできるとうぬぼれて、実際の能力とのギャップに悩んだりする子どももいます。プライドが高くなって却《かえ》って不自由になってしまうこともある。

こうした現実を考えれば、いまの親に一から十まで「あなたがやりなさい」といって責任を転嫁することは間違っています。親として完全な人間になりなさいと要求しても、そんなことができるはずがない。親を責めても仕方ありません。少しはお稽古ごとにも行くのもいいでしょうし、体を鍛《きた》えてあげようと思ったらスイミング教室もいいんです。

いまの親としての責任や能力は、子どもがうまく育つように現代風の放牧を考えることだと思います。放牧の中で育てなければならないことはこれで、親として厩舎の中で育てなければならないことはこれだ、というふうに上手に分けてバランスをとる。

たとえば、自然に触れることが少ないから土日は自然の中に連れて行こうとか、友達と触れるチャンスが少ないのであれば、家族ぐるみのつきあいの中から友達ができるように配慮をするとかいったことです。そういった配慮をしながら、従来は放牧でできたことをやや人工的な放牧で今風にやっていく知恵を学んでいく。もちろん家庭の中でやらなければならないこともたくさんあります。絵本を読んであげるとか、子どもと一家団欒の時間を持つ、親子で一緒に笑えるような時間をつくるといったことは、しっかりやってほしい。

けれども、体の能力、遊ぶ能力、社会性といったことは家庭の中では育てにくい。だから、うまく放牧してあげる。その知恵やバランスの取り方が、現代の親に要請されている能力なのだろうと思います。そのためには知恵と、ちょっとした行動への勇気が必要になります。

――親ができることとできないことを見極めて、できないことは公的な施設や教室で、どこでできるかという情報を収集すればいいわけですね。

それが大切なんです。インターネットやメールでやりとりすれば、情報を手に入れることはそう難しくはありません。「××さん来てみない?」「どこで」「どこそこよ、楽しいわよ」と聞いて行ってみて「本当に楽しかったなあ」という人と、対人関係が苦手で情報が得られなくて、「今日も朝から晩まで子どもと二人なのかしら……」と悩んでしまう人では差が出てしまいます。

何でも自分でするのではなく、他人に委ねることは委ねる、人に回せることは回す、その見極めをすることが大事なんです。

遊びが一番頭を鍛える

――先生は中等教育学校の校長先生もなさっていますが、小学校に入るまでに、このくらいはやっておいた方がいいということはありますか?

子どもの持っている潜在的な能力はじーっと部屋にいても育ちません。小さいときから無理のない範囲で子どもの心身、頭の能力、心の能力を鍛えていくような積み重ねが必要ですが、大げさに考える必要はありません。積み木が好きになってきたら積み木やブロックで遊ぶとか、ごっこ遊びが大好きになってきたらごっこ遊びをいっぱいするとか、砂場遊びが好きだったら砂場で思い切り遊ばせてあげるとか、お手伝いができるようになったら、「ちょっとこれをやってちょうだい」といって何かのお手伝いをさせてあげると、そういうことです。そういうことを丁寧《ていねい》にさせていくことが大切なのです。つまり、無茶苦茶難しいことをする必要はないのですが、遺伝子に組み込まれているような能力を顕著《けんちょ》なものにしていくためには、その力を使わなければいけないということです。

学力との関係でいえば、身体と頭を使う体験を小さいときからどれだけ豊かにしてきたかということが大切です。この点でも遊びは重要なんです。外でいろいろな遊びをしている中で、失敗して「どうしたらうまくいくかなあ」と考えたり、友達と喧嘩《けんか》をして「どうしたら仲直りできるかなあ」と必死で考えることが、頭を鍛《きた》えてくれるからです。

遊んでいるときは、臨機応変にいろいろなことをやらなければなりません。人間の頭は新しいシチュエーションに置かれた時に「どうしようか」と一番働きます。多様な遊び、つまり多様に頭を使うことが大切なのです。マンネリ化した遊びしかしていなかったら、あまり頭を使っていないと思った方がいいでしょうね。

そういう場合は、絵本を読んであげたり、折り紙をさせたり、ブロック遊びをさせてあげたりと、手先をいっぱい使う遊びや考えるような遊びを意識的に体験させてあげて欲しいと思います。

校長という立場から見ていると、小学校に入るまでにそうした体験をいっぱいしている子どもと、そういうことに全く配慮されてない子どもに二分されている傾向があるように思います。

どうやって子どもに関わったらいいのかわからないという親や、子どもは放っておけばなんとかなると考えて、丁寧にいろいろなことをさせていない家庭の子どもは、結局毎日テレビを見たり、テレビゲームをやっているだけになってしまって、自分で考えて工夫をしたり、表現したりする訓練が十分に育っていないことがあります。

そのまま小学校に入って机に座り、いきなり「〇〇があるとしますね……」と勉強が始まると、そうした頭の使い方に慣れていないから「勉強って難しいなあ」「やだなあ」という気持ちになってしまいがちです。

——幼児期に体験の蓄積がなかったり、集中する体験がなかった子どもは心配ですね。

それだけでなく、お稽古ごとをやりすぎている子どもも心配です。いい意味での知的な体験や、いい意味での体を使う体験、いい意味で人と関わる体験が十分になかった子どもは、その子の持っている潜在的な能力が開発されていないからです。

――具体的に、入学時に文字はどの程度読めた方がいいのでしょうか。

いまの平均値みたいのことで目安としていいますと、小学校の勉強についていくためには、平仮名は自分の名前だけでなく、もう少し読めた方がいいでしょう。しかし、漢字を読める必要はありません。データによると、自分の名前などの10個くらいの平仮名を読めるところでとまっている子どもと、ほとんど全部読めてしまうようになっている子どもに二極化していて、その中間が少なくなっています。ある程度読めるようになると、自分で興味を持ってどんどん読めるようになるからでしょう。

文字に興味を持った時には絵本を読んであげるとか、おばあちゃんに手紙を書こうかといって多少は文字に興味をもたせるようなことをしてあげたりして、小学校に入ったときにゼロからのスタートではないようにしてあげた方が、学校の勉強に無理なく入れる確率は高くなると思います。

ただし、一文字も読めなくても、絵本を読んで欲しいという気持ちがとても強くて、毎日何冊もの絵本を読み聞いていたような子どもであれば、小学校に入って文字を覚え始めたら、「あ、自分で読めるんだ」と嬉《うれ》しくなってどんどん本を読むようになると思います。逆に、本を読むことが嬉しい、本を読んでもらうのは嬉しいという気持ちを育てていない子ども、そういう能力の使い道を持っていない子どもは伸びないですね。

子どもの才能を育てる親の眼差し

――子どもの才能を100%引き出してあげることが親の愛情だといわれますが、才能はどうやって見つけ、引き出し、伸ばせばいいのでしょうか。

子どもの才能を引き出すというのは、たやすい作業ではありません。私は親御さんたちに、子どもはいろんな能力を持っているけれど、それを親が全て引き出すことは不可能に近いですよ、といっています。

才能は子どもの潜在

的な可能性や能力に対応します。どういう潜在的な能力が隠れているかというのは、それほどすぐに見えるわけではないのです。いろいろな教室に行かせれば、どれかが育つだろうというのは幻想です。

しかし、この子は理科系タイプだねとか、芸術系のタイプだというある程度の芽は幼児期に出ています。問題は、子どもにいろいろな体験をさせてあげたときに、この子にはこういう能力があるんじゃないか、こういう才能があるんじゃないかというのを見抜く、親の冷静な眼差しがあるかどうかです。それによって、その子の才能がどのくらい引き出せるかが決まってくると思います。

たとえば、兄弟げんかをしているときに、よく見ていると、お兄ちゃんはものすごく理詰めで迫ってくるのに、弟は感情がいっぱいあるけれど、言葉にできないからいつもやられているというようなことがあります。

その時に、お兄ちゃんのあの理詰めの能力はすごい。あの子は弁護士がいいんじゃないかとか、理科系の理屈で物事に迫っていくような研究をさせたら伸びるよね、というふうに見る。一方で、弟は言葉にできないからいつもやられているけれど、時々ぱっといいことをいう、潜在能力はいっぱいあるけれど、どうしたらうまく表現できるかを一生模索するタイプだから芸術家が向いているんじゃないか、というように見えるどうか。

あるいは、人のやらなければならないことに先に手を出して、いつも叱《しか》られている子がいて、「あなたがやらなくてもいいのよ。黙っていなさい」といっても、また手を出しちゃうタイプの子がいますね。そういうときに「あの子は人のやっていることに黙っていられないんだ、自分ができるからやってあげたいと思ってしまうのね。お節介だけれど、人のやることなすことが気になって仕方がないタイプだから、もしかしたら人の世話をする仕事がむいているんじゃないかな」と考える。

親馬鹿かもしれませんが、この子にはこういう能力があるはずだという想いをかけていくことが、実はその子の才能を育てるということではないでしょうか。親が「うちの子にはこういう力があるんじゃないか」という見方をしていないのに、その子の才能が伸びるということは普通はないでしょう。

人間の潜在的な能力が社会に出たときにどう花を開くかは幼児期ではわかりません。でも、ある種の性格のような形としては出てきています。それを、あれがあの子のいいところかもしれない、あれを伸ばしてあげたらよい人間になるかもしれないと見て、期待してあげる眼差しが子どもを育てるのです。

脳から学ぶ早期教育、学力、そして才能

高田明和さん（浜松医科大学名誉教授）

最近の脳の研究によって、早期教育や学力、才能について新たな事実がいくつもわかってきました。これまでいわれてきた「3歳までで脳は決まる」の間違い、天才と努力への誤解もあります。何より重要なのは脳の奥には「意欲の場」があり、これが脳の他の部分の活動とどう関わっていくかということです。テレビ等でも活躍中の高田先生が、早期教育が盛んな現状を肯定しながら、人間の活動に大切な意欲をいかに育てるかを教えてくださいました。

たかだあきかず

1935年、静岡県生まれ。慶應義塾大学医学部、同大学院卒業。70年より浜松医科大学教授。専門は生理学・血液学。89年に中国科学院より特別賞を、91年にはポーランドのビアリストク医科大学より名誉博士号を受ける。2001年浜松医科大学を退官し名誉教授に。テレビ（「おもいっきりテレビ」）やラジオでも活躍中。著書は『最新脳科学が教える子どもの脳力を伸ばす法』（リヨン社）など多数。

■天才と才能の研究

親がゴルファーで子どもに小さいときからクラブを握らせたり、親がスケートの選手で子どもに小さいときからスケートを教えるという人はたくさんいます。しかし、その中でもオリンピックで優勝して世界的に有名な選手になる人もいれば、そうでない人もいます。その差はどこにあるのでしょうか。近年こうした研究が進んできました。

その結果、これまでわかった範囲内での結論は3つあります。

第1は、良い先生につくことが重要だということです。

リストのピアノ曲「パガニーニに

よる超絶技巧練習曲」は、19世紀には天才的な奏者以外には弾《ひ》けませんでした。ところが現在は、運指（指の使い方）によって一流の音楽学校の高等科の生徒であれば、ほとんど全員が弾けるようになっています。19世紀の基準からすると全員が天才になっているわけです。

スポーツなどでも同様で、新しい教育法を追い求め、ノウハウを持っている者同士が情報交換をし、経験を積むことで指導者は優秀になってきました。だから、良い指導者につくことが非常に大事なのです。

第2は、能力の進歩についてです。簡単に言うと、ピアノを生まれてから全く弾いたことのない人が、いきなりモーツアルトの難しい曲を弾けるということは絶対にないということです。うまくなるまでのスピードには個人差がありますが、階段を上るように段階的に上がっていくのであって、能力があるからといって断絶のある飛躍をすることはありません。

このことは逆に、絶え間なく努力を続けている人でなければ駄目だということでもあります。

第3は、一人で練習するときに心を込めていることが大事だというのです。世界的に有名な能力の研究家であるフロリダ大学のエリクソン教授は、ベルリン音楽院の卒業生を、コンサートピアニストやコンサートバイオリニストになった人、オーケストラの一員になった人、音楽学校の先生になった人の3種類に分けて、どこが違うかを調べました。

するとコンサートピアニストなどとして世界の舞台で活躍する人は、7歳から20歳くらいでデビューするまでの間、先生から習う時間とは別におよそ1万時間ほど一人で心を込めて練習していたというのです。しかし、それ以外の人はほぼ5千時間でした。大事なのは、5千時間の練習で一流になった人はいないという点です。

私たちはよく「天才は努力しなくてもできてしまう、1万時間やっても駄目な人は駄目だ」と考えがちですが、多くの場合は一人で心を込めて練習している時間の長さに比例しているのです。

つまり、天才的な人にとっては早期教育、良い環境、良い訓練というものが絶対条件であり、それがなくては〝天才〟にはならないのです。

■「教育」は普通の人のためにある!?

子どもの才能が発見されるのは、ある時期にピアノやバイオリン、スポーツなどをやり始めたとき、親が「うちの子どもはちょっといいぞ」と自覚したり、周囲の人が「お宅の子はなかなか能力がありますね」ということがきっかけになることが多いようですが、本人がそれが好きで練習を喜んでするということが本当のきっかけになるようです。

　では、本人が見ても周囲の人が見ても、抜群の能力がなさそうな普通の人の才能はどうでしょうか。私は、学校での教育や医学部の医学教育は、普通の人がある程度のレベルまでいくための訓練なのだと考えています。

　たとえば漢方医学のツボのようなものは、医師によって効いたり効かなかったりします。しかし、西洋医学の場合は、目が赤い場合にはこの薬というように、どんな人間でもある一定レベルの治療ができるようになっています。

　つまり、教育とはどんな人でもあるレベルの治療ができるようにしてあげることで、そこがバイオリニストやピアニストとは違うところです。

　そう考えると、音楽やスポーツなどに本人も親も特に関心がなくても、学校の勉強がある程度できて、一流の大学に入って一流企業に勤められれば、かなり成功する人生が待ちかまえている。そう考えて、多くの親はわが子に早期教育を行おうと考えているのでしょう。

　脳神経のつながりという点から人間の能力を見れば、神経のつながりは訓練や練習によってよくなりますから、早期教育自体は悪いとは思いません。しかし、子ども本人がそれを好きかどうかという問題はあります。また、勉強して有名高校に行き、さらに一生懸命に勉強しても、全員が一流大学に行けるわけではありません。そうした勉強は、足が速い、背が高いといったことと同じようなものですから、本人が努力してもうまくいかないこともあります。その時に、これでおしまいだと思わせないバイタリティー（活力・生命力）を持たせる、子ども自身が自分で生き甲斐に感じる分野を常に探しだせるようなバイタリティーを育てることが大事だというのが、私の考えです。

　子どもを一流の学校に入れて一流大学に入れようという気持ちは、わからないわけではないですが、そこには苛烈《かれつ》な競争があって、さまざまな理由で落伍する子どもがいます。しかし、その競争に敗れたからといって、ほかの領域の競争でもうまくいかないかというと、そんなことはありません。

現在の日本では、受験というシステムに対応する能力がなくても、まったく別の方法でお金を儲《もう》けたり、いろいろなことができるようになっています。お金儲けだけを考えるなら、サプリメントを売ったり、居酒屋のチェーンをつくったり、ラーメン店を経営して莫大《ばくだい》な利益を上げている人もいるし、60歳になっても70歳になっても生き生きと生きている人もいます。いい大学を出て云々というコースが駄目ならばあまりいい人生がないということはありません。また、そういうコースをたどった人たちが、親が思っているようないい人生を送っているかどうかという問題も考えなければなりません。

私は、親として大事なことは、子どもに早期教育をさせたり、勉強をさせるだけでなく、世の中には諦《あきら》めずにやっていれば道が開ける分野がいくらでもあるということを教えることであると考えています。

日本が国際舞台で競争するような優秀な人は必要ですが、そのために全員が、実際には役に立たない計算ができなければいけない、ということはないはずです。むしろ大切なのは、子どもたち一人一人が、自分の好きなことを見つけられるバイタリティーを持つことです。

■「3歳までに」の過ち

もう一つ大事なことは、人間は3歳までにすべてが決まることはないということです。ソニーの創業者である井深大《まさる》氏が「人生は3歳までにつくられる」といいましたが、これは以前の脳の研究から来ています。

脳の神経細胞同士がつながる突起を「シナプス」といいますが、人間が生まれたときには2、3本しかないシナプスが、急速に複雑になって、2歳くらいまでの間に一つの神経細胞は一万くらいのシナプスから情報を受け取るようになります。

しかし、3歳に近づくと、また少し減ってきます。必要のないつながりがだんだんと削除されます。この事実から神経細胞のつながりは3歳までで決まる、といったのです。

ところが最近、単につながっているということよりも、どのようにつながっているかのほうが重要だとわかってきました。

脳の外側には「大脳皮質」という厚さ4～6ミリくらいの膜みたいなものがあって、そこに約150億の神経細胞があります。私たちが話をしたり、字を書いたり、音楽を聞いたりするのは、この大脳皮質の役割です。神経細胞のつながりは外側の大脳皮質だけを問題にしていました。しかし、私たちの感情を起こす場所の神経細胞は脳の奥の方にあり、そこで憎しみを持ったり、怒りを持ったりすると、外側の大脳皮質が信号を送ってそうした感情を抑えているのです。

神経細胞のある場所を「灰白《かいはく》質」といい、神経線維の通る場所を「白質」といいますが、灰白質である大脳皮質と脳の奥にある感情の灰白質が白質を通じて完全につながるのは25歳くらいだとわかってきました。

たとえば「ちくしょう!」と思ったときに「やめなさい」、憎しみがあっても殺してはいけないと抑える、こういったつながりが完成するには25歳くらいまでかかり、さらにその後もゆっくりとつながっていき、ピークになるのは50~60歳くらいだというのです。それから後もほとんど落ちることはありません。私たちの脳は感情をコントロールすることには長《た》けていないともいえるでしょう。

脳の奥の本能の部分をコントロールすることは、とても大変なことです。逆に言うと、そうした強い本能があったからこそ、大昔の人間にお腹が空くと自分より巨大な動物でも殺して食べるような生き方を可能にさせたのではないかと思います。

つまり、脳のある能力は若いときにできるかもしれませんが、つながりの観点から見れば、脳の発達は3歳までとか、人生は3歳までに……ということはまったく間違いですし、3歳までにやらなければ人間は駄目になる、といった考え方にもとづく早期教育はまったくの間違いです。

■成長はゆっくり見守る

脳の奥と大脳皮質がつながるのが25歳くらいということは、20歳の青年は成熟した大人と同じようにいろいろな判断ができるが、強いプレッシャーを与えた状態にしておくと判断が狂いやすくなる。逆にあまり常識的でなく、社会を変革する力を持っているということにもなります。

また、本人が意欲を持てるようなことを見出すには25歳くらいまではかかる、ということを大学生自身が自覚することも大事だと思います。それよりも早く見いだせればいいのですが、見いだせない人もいます。

25歳まではフリーターでいいと言っているわけではありませんが、高校の時期、大学の時期、職業に就いてどこかの会社に入ったとしても、脳の発達はまだ途中だということです。自分がやりたいことはその時に働いている仕事かもしれないし、あるいは別の仕事かもしれません。それが、わかるのはいつともいえませんが、私たち日本人はせっかちで、子どもの人生についても早く決めてしまいたいというところがあります。脳は25歳くらいにならないと完成しないのだということを覚えておけば、焦《あせ》らずに、子どもを見守っていけると思います。

■脳には「意欲」を出す場所がある

私たちの脳の中核には「意欲の場」というところがあります。喜びや怒り、恐怖が発生するドーパミンという神経伝達物質が働くその場所は、昔は「快感中枢《ちゅうすう》」といわれていました。ドーパミンは、たとえばコカインを使ったり覚醒剤を使うと働いて快感を起こさせます。また、猿のその部分に電極を入れ、自分でボタンを押すと電流が流れるようにしておくと、猿は朝から晩までそれを押し続けます。そこで、その部分は快感を刺激する「快感の中枢」と考えられたのです。

ところが最近、末期癌《がん》の痛みや統合失調症で廃人のようになってしまった人、あるいは重度のうつ病の人の脳のこの部分に電極を入れ、刺激することが許されました。すると、やはりボタンをしきりと押すのですが、その理由を尋ねてみたところ「ボタンを押すともっと楽しいことが起きそうな気になる」と、多くの人が語ったのです。快感がないわけではないが、それよりも「やろう」という意欲を刺激していたのです。

次に、ボタンを押すとサルのエサが出てくる装置を作りました。ボタンを押すとエサが出てきて、それを食べるとドーパミンがたくさん放出されます。簡単にいうと、ボタンを押すとエサが食べられるから、楽しくなってまたボタンを押す、というわけです。

ところが、ドーパミンが出てもドーパミンが働かないような薬を投与すると、だんだんボタンを押さなくなります。しかし、口の中にエサを入れるとおいしさを感じて食べました。つまり、脳の中のドーパミンとボタンを押させるということは、一対一の対応ではなく、「おいしい」と思うのと同時に「押そう」という意欲を起こさせている。つまり、脳の中の意欲を起こさせる場所は脳のほかの部分、たとえば外側の大脳皮質と関係しているわけです。「なにかいいものを見ると意欲が出る」「誰かの話を聞くと意欲が出る」というように、「情報」と「意欲」の関係をうまく刺激することが大事なのです。

このところ脳の表面の働きだけが注目されていますが、それ以上に大事なことはその働きをいかに使うか、どういうところに喜びを見出すかということです。

■みんながやっていることはやった方がいい

私は塾や教室に行くことが悪いことだとは思いません。使う神経同士はつながり、使わないものはつながらないという脳の科学からいっても、早期教育はけっして悪くはありませんし、「昔の子どもは山の中で遊んでいたのだから」というように、昔が懐かしいから塾に行かせないほうがいいという考え方は間違っていると考えています。

いくら昔を懐かしがっても昔に戻ることはできないのですから、その確信のもとに、現代社会でいかに生き甲斐のある人生を見いだしていくかということを考えることの方が、もっと大事だと考えるからです。

たとえば、子どもにはテレビは見せないという考えがありますが、私は塾が終わってからテレビを見るのは決して悪くないと思います。この情報化社会にあっては、塾だけでは、かえって狭い人間をつくってしまうのではないでしょうか。

あるいは、ゲームをやってはいけないというが、ゲームは将来のパソコンやオーディオビジュアルなどを動かしたりする基礎になるでしょう。

「子どもには昔のようにあってもらいたい」と思う気持ちは私にもありますが、歴史は元には戻りません。だから、今の事情の中で工夫して幸せを見つける、今の環境の中で、みんながやっていることの中で幸せを見つける以外にはありません。現代を否定して子育てをすることは、蒸留水のような環境で育てるような感じがします。

みんながやっていることをやってみて、その中から自分に向いていること、向いていないことを見出す。「これはやってはいけない」といってやらせなければ、みんなが知っていることができないということになります。現実から目をそらしたら、間違った子育てになるでしょう。

だから私は塾や教室へ行ってもよいし、何をしてもよいけれど、子どもがいろいろなよい刺激を得て、「こういうことは楽しい」「こういう人生はおもしろそうだ」とかいうものを、自分の体験から見つけたり、本を読んで見つけたり、あるいは友達との関係の中で見つけたりすることが大事なのです。なにより間違っているのは、子どもはいいとは思っていないのに親がこれがいいはずだ、と思いこんでやらせることです。

■子どもは親を見ている

大事なことは、自分に一番向いていることは、そういうところにはないかも知れないし、その競争で敗れても別のところでものすごくうまくいっている人はいると教えることです。私は塾に行かせるとともに、努力するのは大事だけれど、ある一つのことが駄目だからといっておしまいではない、ということを教えるべきだ、と言いたいのです。

特にある時期までの子どもにとって、社会で唯一信頼できる人は親だけです。親が思っている以上に、子どもは親を見ていて、親が自分の得意なことを認めてくれているのかと見ているわけです。「本心から言っているんだろうか」と敏感に反応します。子どもが一番自分を認めてほしい相手は親だからです。

勉強して希望の学校に入る努力をするのもいいですが、それがうまくいかない場合もあり得る、そこでくじけないようにする、必ず道は開けるんだというようにサポートしてやることがなによりも大切です。

それには親が自分の考えを変えて、もしも希望の学校に合格しなかったとしても、ほかにも道があるということを、心の底から思うことが子どもが安心する道なのだと思います。

くり返しますが脳は使う神経がつながり、使わない神経はつながりません。だから、訓練すれば早い時期にはつながりやすい。

その点でいえば、ピアノを習わせるのと同じように、早期教育は大事です。しかし、そのことと仲間とうまくつきあったり、ちょっと失敗したときにもすぐにガックリこないといったことは別のことです。

子どもが意欲を持つ、我慢する、あるいは失敗したときに耐えるということは、脳の奥の方にある本能と表面にある思考とのつながりであり、コントロールがうまくいくかどうかに関わっています。そのつながりが非常に長い年月かかって完成するということから考えれば、小さいときに大脳皮質でできあがったことを、どのように使っていくかということが大事なのです。

※この原稿は第一ホテル両国（東京）での高田和明さんのお話を編集部でまとめ、高田さんにチェックをいただいたものです。

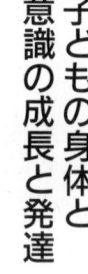

子どもに本当に必要なことを見極めながら

吉良 創《はじめ》さん（南沢シュタイナー子ども園教師）

「子どものために」「あとで苦労しないように」……、私たちの愛するわが子のためにと、早期教育は行われます。しかし、ともすると、その親の想いが子どもの「生きる意志」を軽視してしまうことがあるかもしれません。あなたの子どもにとって、必要なことなのかをゆっくりと、しっかりと考え、見つめてみませんか。

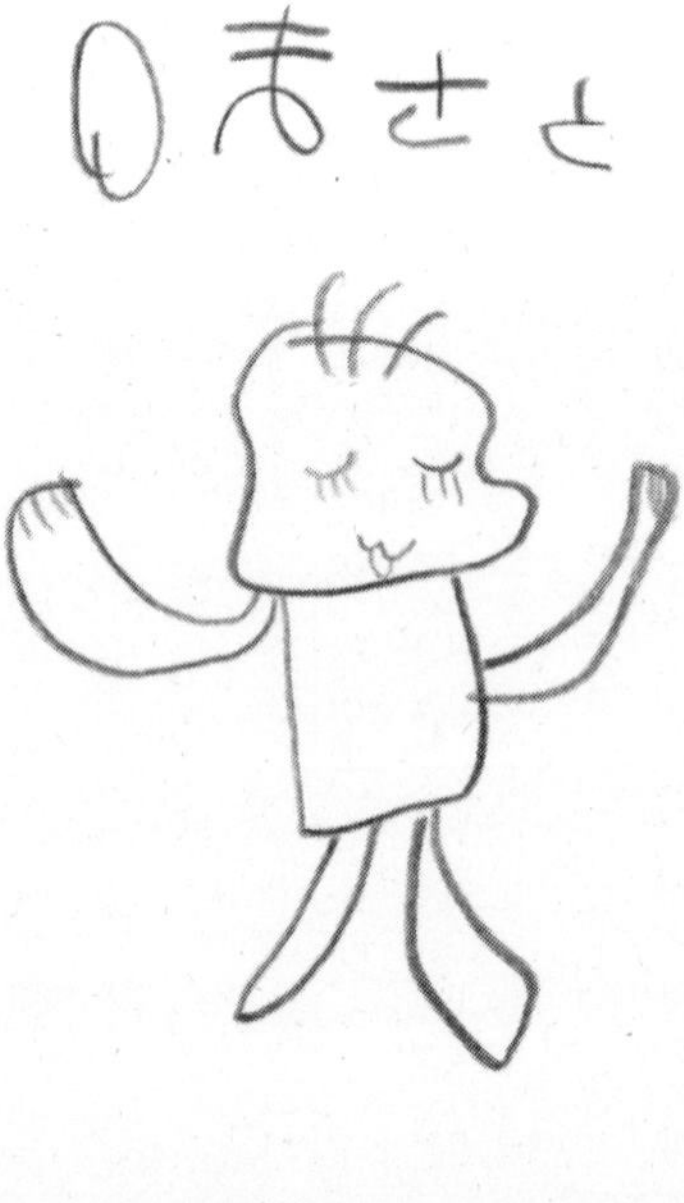

子どもの身体と意識の成長と発達

生まれたての赤ちゃんの姿は、頭があり顔があり手足があって、それは人間の姿をしています。しかし頭も手足もあるいは、感覚器官も内臓器官も、まだ大人と同じような機能を持っていません。それぞれの器官はまだその機能を持っておらず萌芽《ほうが》の状態です。時間をかけて、赤ちゃんの足は、自分の身体を支えて大地の上に立ち、歩き、走る人間の足に発達していきます。他の器官も同様に小学校に行くころまでの間に、それぞれの器官の機能をもつまでに成長発達していきます。このように、人間の一生涯の中での幼児期の、その時期にしかできない大切な課題は、健やかに身体を育むことです。そして、幼児期に育まれた身体を基盤に、その傾向をもったままに、小学生以降、身体は大きく強く育っていき、それぞれの器官の機能や能力は高まっていきます。そして大人になってそのピークを過ぎると、幼児期に育まれた身体の傾向をもったまま、身体は衰えていきます。

「自分意識」の変遷《へんせん》

生まれたての赤ちゃんの意識はどのようなものでしょうか。大人と同じような意識をもっていないことは明らかでしょう。思春期の少年少女たちのような意識でも、小学生のような意識でもない、幼稚園に通う子どもたちとも違う意識です。まだはっきりとした明るい意識は持っておらず、暗いけれど果てしなく広がっているような意識なのだと思います。

まわりの世界に少しずつ気づき始めるに伴い、暗く広がっている意識の海の中に、明るい部分が少しずつ増えていきます。それによりお母さんのことがわかるようになったり、いろいろなものを指差し始めます。言葉が始まると、まわりの物に名前をつけたりしていき、そしてその明るい意識の広がりはやがて、外の世界とは別の内的世界としての「自分」意識に発展していきます。

最初の自分意識の現われは、二歳半ごろのいわゆる「反抗期」です。そしてその後、自分意識は広がっていき、外の世界と自分の世界の違いがゆっくりとはっきりとしていきます。自分意識と外の世界との間の垣根がだんだんと密になっていき、やがて九歳を過ぎるころになると、それははっきりとした境界線になり、閉じた内的世界としての「自分」が、外の世界に向かい合い、「自分」が外の世界に関わっていくことが始まります。それは外の世界のものごとや人間に自分がどのように関わるかを試行錯誤していく「思春期」の始まりです。

最初の反抗期の頃までの時期、幼児から小学校の低学年の時期、そしてそれ以降では明らかに子どもの意識は異なり、それぞれの意識に合った外の世界とのかかわり方をしています。大人の意識のあり方、そしてそれによる外の世界とのかかわり方とは異なっているのです。

小学生とは違う幼児の悲しみ

心のあり方はどうでしょうか。

赤ちゃんは大人と同じような心・感情の営みはもっていません。感情の営みが外界からの感覚印象や体験などから切り離されて、純粋に内的な自分の中のものになるのはいつごろからでしょうか。

大人と同じような外からの刺激とは関係なく内的に湧《わ》いてくるような感情の営みを持つことが始まるのは、九歳ごろからで、自分意識が一つの内的空間を作り出して、感情が独立して内側で動ける場所を作り出してからでしょう。

もちろんそれまでの時期にも子どもには心・感情の営みはあります。幼児ならではの感情は、外からの感覚印象、さまざまな生活の中の体験、そして自分の身体を使った行為と結びついています。転んで痛い、お母さんがいなくて悲しい、飛び跳ねてうれしい、泥団子が上手にできてうれしい……。

幼児期の子どもの感情は、まだ淡々としています。飼っていた動物が死んでも、「死んじゃった」ということを淡々と受止め、小学生のように内的に湧いてくる「悲しい」という感情はまだもっていません。心や感情の営みも、いくつかの段階を辿《たど》って大人のような心や感情へと発展していきます。

身体、意識、心の三つの面での子どもの成長発達を簡単に記しましたが、子どもの成長発達は右肩上がりのグラフの線のような成長発達ではなく、階段をのぼっていくようなそれぞれの段階で違ったあり方をしていて、それぞれの段階ならではの営みをもっており、その時期を過ごし、その時期を通過することによって、次の段階へと進んでいきます。

子どもは大人の縮小版ではない

右肩上がりの成長発達の観点で子どもを見ると、どのように見えるでしょうか。この観点で見ると、子どもは大人を、大人の身体、意識、心のあり方をそのまま、同じプロポーションのまま縮小した子ども像が見えてきます。そして、このような「大人を縮小した子ども像」を、現代人の私たち大人は無意識のうちに普通にもっているのです。

たとえば幼児向け、子ども向けと称した商品やサービスの多くは、子どもの成長発達を理解した上で、その時期の子どもにふさわしいように考えられたものではなく、無意識に持っている「大人を縮小した子ども像」に従って、考案されたのだと思います。

　大人が普通にしていることを簡単にして、文章を簡単にして、子どもの飛びつくキャラクターをくっつけ、子どもの好きそうな色をつけ……。もちろんそれらを皆否定する必要はないですが、子どもの成長発達に必要なものをしっかり選ぶという大人の目、意識が必要であることは言うまでもありません。

　いろいろな領域の早期教育がありますが、多くの場合、この「大人を縮小した子ども像」がそのアプローチの根底にあるのでないかと思います。大人のその領域のプロフェッショナルのレベルを頂点として、それをだんだんと左肩下がりに簡単にしていったものがその道には並んでいます。そしてその道のりの出発点には、乳幼児期の子どもたちがいて、その道の頂点は知らないうちに、その頂点を見つめた大人たちにその道を歩ませられて行きます。

いまの時期にだけ育つ能力がある

　子どもの身体も、心も、意識もバランスよく健康に成長発達するために大切なことは、子どものそのときの身体、心、意識に「丁度よい」生活ができるということです。その時期に育つべき、その時期にしか育たない能力を、生活の中で、子どもが自分の意志による行為や遊びの中で、自然に身につけていかれるような環境を整え、大人が働きかけることが必要なのです。

　これを言葉を変えて表現すると、子どもが「子ども時代」を過ごすということです。三歳の子どもが、三歳の子どもとして、三歳の子どもでしかできないあり方で、まわりの家族や友だち、そして他の人たちと接し、彼らのしていることを真似して遊び、自然やまわりの社会とふれあい、それによって幸せに暮らす。そしてその中で、その時期にしか育たないものを育んでいくことができる。当たり前のようなことですが、これこそが大切なのだと思います。

　現代社会の中で、そのように子どもが、成長発達の階段を自分の意志で、自分の生きる意志で、そして自分のペースで進んでいくこと、それはとても難しいことになっています。それを助けてあげる「おおい」を、「子ども時代」を守る「おおい」を私たち大人は意識的に作っていかなければなりません。

早期教育は誰のために?

　早期教育はなぜ必要なのでしょうか。何に対して早期なのでしょうか。そしてその早期教育は誰が必要としているのでしょうか。

早期教育は、子どもの意志で、子どもが自ら欲しているのでするものではないと思います。何らかの大人からのアプローチや何らかの外からのきっかけがなくて、純粋にその子どもが自分の意志でそれを望むことはないでしょう。本来の子どもの生活にはないものが、早期教育なのです。それは大人によって子どもに仕向けられるものです。

後になって楽になるように、先にやってしまえばよい。自分が学生時代苦労したから、子どもにはその苦労は味あわせたくない。いい学校に入るため。よい大学に入って、よい会社に入って……。いろいろな観点から、子どものために、早期教育が行われます。そこには、愛する子どものためにという、親心が働いています。

しかし同時に本当にその子どものことをよく見て、ありのままの姿を受け入れて、本当にその子どもが必要としていることは何かということに目を向けようということが欠けてしまっているのでないかと思います。そこには親のエゴがあります。一人の人間としての子どもに対する「畏《い》敬《けい》の念」を持つことが、その子どもと本当に出会うことにつながります。

幼児は「今」を生きています。将来どうなるからとか、前どうだったかということには意識は向かいません。そして幼児にとっての「今」の課題は、学校に入ってから学ぶことを、あるいは次の成長発達の段階になってから学ぶのに丁度いいことを「先取り」することではなく、幼児として生きることであり、幼児として遊ぶことであり、健やかな身体を育んでいくことなのです。

「人間であること」を学ぶ

幼児期の子どもの課題は、健やかに身体を育んでいくと共に、「人間であること」を学んでいくことです（この点に関しては、3号の吉良著「テレビのない生活が楽しい」を参照ください）。動物が生まれながらにその動物として生きていくことが本能としてできるのとは異なり、人間は生まれながらに人間として生きていけるわけではなく、「人間であること」をまわりにいる人間をお手本にして、真似をして行為しながら学んでいくのです。

子どもは「人間であること」を頭で、言葉で学ぶのではなく、お母さんやお父さん兄弟姉妹、隣人、教師、といった身近にいる人間の行為を真似して、実際に同じことをすることによって身体を通して学んでいきます。その真似する行為は、意識的に「真似してみよう」とするのでなく、幼児らしいまだ夢見ているような意識の中で、なかば無意識に行われます。大人のような明るいはっきりとした意識でない、幼児ならではの意識で生きること。これが大切なのです。

　この意識を持っていられるのは、幼児期だけです。その意識の中で生きていけるのは、人間の一生涯の中で幼児期だけなのです。そしてその意識でいるということは、将来に、覚醒《かくせい》して明るい意識、ものごとを客観的に認識したり、意識的に学んだり、論理的に考えたりする能力へと変わっていく、まだ眠っている無意識なる子どもの力が、身体を育むという、この時期ならではの課題のために使われているということなのです。

　大人でもおいしい昼食をたくさん食べて、消化活動が活発に行われているときは、少しボーっとした意識になり、意識的に難しいことを考えることができず、昼寝でもしたくなるものです。幼児期の子どもの意識はこれに似ているとイメージできると思います。このとき、無意識な真似による行為や、体をつくっていく営みに力が使われているのです。そのため、幼児はまだ小学生のようないきいきとした感情の営みをまだもたず、ものごとを客観的に論理的に考えることはできないのです。

やらせればできてしまう、だからこそ

　早く文字を覚えさせたり、計算をさせたりするさまざまな早期知育は、子どもの体の中で活発に働いている、まだ夢見、眠っている力を神経組織へ、頭へと運び、覚醒させていきます。子どもは柔軟ですし、まわりの世界に開かれた存在ですから、意識を覚醒させるような刺激に対しても、それを受け入れようとします。そしてその結果、本来身体をつくっていくことに使われるべき力を用いて、文字や計算を覚えていきます。それができるようになり褒《ほ》められたり、ご褒美《ほうび》がもらえたりすると、もちろん子どもはうれしいですし、親もうれしいですから、それが更に進んでいきます。

　そしてその結果、本来の幼児として営みである、真似をして行為すること、そしてファンタジー（想像力・創造力）をたくさん使ったごっこ遊び、まわりの人間や自然に対する自然な幼児らしい結びつきが減っていきます。そして身体の基盤を健やかに育てるというこの時期でしかできない課題がおろそかになってしまい、その後のその人間の一生に影響を及ぼします。

私が小学生か中学生のころ見たあるテレビ番組に出ていた女の子の表情が今でも忘れられません。お父さんがアマチュア無線（ハム）をしており、その女の子はアマチュア無線の国家試験に受かって資格を獲得したということでその番組に親子で出演していました。お父さんが国家試験のための教本の内容を全てその女の子に憶《おぼ》えさせたようで、何を聞かれてもすらすらと答えることができます。ただその子どもの顔は、鼻たらして遊んでいるような子どもたちのほっぺたのいきいきとした赤さはなく、無表情で、とてもかわいそうな印象を当時の私はとても強く受けました。早期教育のことを考えるときにいつもその女の子の顔が思い浮かびます。

その後その子はどうなったのでしょうか。気になります。どんなお母さんになったのでしょうか。

幼児期の子どもはまわりにあるものごと全体と一体化するかのようにかかわります。たとえば言葉を覚えるのでも、「今日はこの言葉を覚えましょう」というように外から意識的に取ってきたものを与えられて憶えるのでなく、生活の中で、まわりにいる人間が使った言葉を、言葉だけでなく、その言葉が使われた状況全てと一緒に無意識に取り入れていきます。幼児が、そのタイミングではその言葉しか使えないような状況で、けっこう難しい言葉を使って、居合わせた大人がびっくりするようなことがあると思います。

たとえば音楽の好きな楽器を弾いたり歌ったりするのが好きな親のもとでは、子どもの生活の中に自然に音楽があります。料理や家事をしながらお母さんは歌を歌っているかもしれませんし、土日はお父さんがギターを弾いているかもしれません。子どもはその親と一緒の暮らしの中で、自然に音楽を体験します。歌やギターはお母さんやお父さんの存在の一部ですし、それは子どもの生活の一部でもあります。その家庭での生活に普通にはない音楽を子どもだけが習うという状況と比べるとその違いがわかると思います。

お料理好きの親との暮らしの中で、子どもは料理を一緒に真似して作ることによって、言葉で説明できる知的な賢さではなく、実際に上手にパンをこねたり、餃子を包むことができるといった、身体と行為と結びついた賢さをいつの間にか自然に獲得していきます。その賢さは文字通り「身につく」のです。身体が覚えていて忘れることはありません。

生活から切り離された教材ではなく、生活の中で人間として必要なことを、その成長発達段階で必要なことを自分の意志で学んでいくことが大切です。そして、健やかに育っている子どもは、自分の発達の段階で身につけていくべきことを無意識にわかっていて、それが身につけられる環境が用意されていると、自分の意志でそれを身につけていくものです。子どもたちには自分で成長発達していこうという「生きる意志」が生まれながらに備わっているのです。この「生きる意志」が、その子どものペースで発揮できるように、覚醒させる刺激から守る「おおい」を作ってあげること、そしてその中で、おせっかいな介入をしないことが、私たち大人の課題です。

早期教育は「早産」を望むのと同じ!?

早期教育は子どもにとっては、いらぬおせっかいであり、子どもの世界へのおとなへの介入、侵入なのではないかと思います。

たとえば、まだ首が座る前の赤ちゃんを立て抱きにすること、自分で座る姿勢が取れない時期に座らせること、まだ自分で立ち上がれない子どもの手をとって立つ姿勢を取らせること、歩かせること、これらは親心からしてしまうことですし、赤ちゃんもまだ自分ができないことがそれによってできることを喜びます。

しかし一生のうちでたった一度だけの寝ている姿勢から二本の足で直立し、歩き始めるというプロセスを、自分の「生きる意志」で成し遂げることを子どもは望んでいるのです。親が手を取って立たせたり歩いたりすることは、それに対する親の侵入であり、暴力といってもよいくらいの行為です。大人でも、自分が座っているときに急に誰かに手を引っ張られて立たされて、前に引っ張られて歩かされたら、それをありがたがることはないはずです。

子どもの身体が育つ幼児期には、感情や明るい意識はまだ「胎児」の状態です。どんなに早期教育がよいといっても、未熟児の状態で「早産」させようとする人は誰もいません。胎児がお母さんの子宮の中で十分に育ってから生まれてくることが大切であることを私たちは知っています。それを知っている大人も、赤ちゃんが生まれた後は、もう少したってから生まれたり育ったりすべき能力を意識的に、いろいろな種類の促進剤を使って、「早産」させようとしてしまうのです。早期教育はそれをしているのです。

先取りして何かを学ばせて、それが他の子どもより早くできるようになることよりも、その子どものいろいろな能力が、まだその能力として目に見えるように現れる前に、水面下でまずその準備が十分にできると、実際にその能力が開花していくときは、そこに無理はなく、その子ども自身と結びついた形で自分のものにしていくことができるのではないでしょうか。

就学後、文字や計算などをしっかり学んでいくことのできる力、それは記憶力であり、理解力であり、好奇心であり、それを教えてくれる教師を信頼することのできる力でもありますが、そのような力のもとが幼児期にしっかりと育つことの方が、字や計算そのものを早く教えることよりも、ずっとすばらしいことに思えます。

子どもの成長発達に沿った「教育」

一般論のような話になってしまいました。しかし、早期教育は良い悪いなどと単純に割り切れないことが、実際の子どもと一緒の暮らしの中にはあります。人間と人間が関わる教育です。簡単にはいきません。

早期知育のような覚醒させる刺激があっても、幼児らしい遊びや生活を同時に持つことのできる子どももたくさんいるでしょう。しかし逆に、すこしでもそのような刺激があるとそれに多大に影響を受ける子どももいます。

小さいときから楽器の特訓を受けて育ったから、名演奏家になって多くの人々に喜びを与えることのできる人がいると同時に、同じような教育を受けて、それで挫折してその人の人生に大きな影響を受けた人もいるでしょう。前者は音楽の早期教育はとてもすばらしかったと親に感謝しているかもしれません。しかし後者は親を恨《うら》んでいるかもしれません。

何が本当にその子どものためになるのでしょうか。どこまでがその子どもの「生きる意志」と結びついたその子どもの成長発達に沿ったもので、どこからが親のエゴ、希望や野望なのでしょうか。そして「大人を縮小した子ども像」からの押し付けなのでしょうか。

具体的な例として文字について見てみましょう。文字は幼児の生活環境の中にも存在しています。そしてその中で生活している幼児の目にも入りますし、幼児の前で大人は文字を読み、そして書きます。当然、幼児は文字に対する興味を持ちますし、書こうとし、読もうとします。

四、五歳くらいの子どもがお手紙を書いて持ってきてくれることがあります。封筒を開けてみると便箋には、象形文字のような、文字らしきものがリズミカルに綴《つづ》られています。せっかくもらっても何が書いてあるかは読めません。しかし、その私の読めない文字を、その子どもは読むことができます。ちゃんと読んでくれるものです。

最初の文字に対する興味が、文字を書こうとすることに現れるのは、文字をただ読むことに興味を持って、「ねえ、これなんて読むの?」と大人に聞いてどんどん難しい字でも読めるようになることに比べるとずっとよいことだと思います。書くことは、手や腕を使った行為ですが、読むことには身体は使いません。

幼児の中では教えていないのに、いつの間にかひらがなが読めるようになったり、書くことができるようになる子どももいます。

幼児期に字を書くことができるようになったある子どもが、一年生で字を習い始めたときのことです。「ん」という字をノートにおさらいしながら、「先生はね、『ん』のこのはねるところを、とっても上手にかけるんだよ! 私はあんなふうに書けないな」と話してくれました。

学校での先生とのよい関係の中で、興味を持って楽しく学んでいけたらよいなと思います。幼児期に文字を覚えたとしても、それが大人が教え込んだのか、自分から興味を持って憶えたのかで、その後の文字に対する興味が変わってくるのではないかと思います。

ドリルのような教材を与えることも、トイレなどに五〇音の表を貼《は》ることも必要ないと思います。幼児期には、字らしきものや、ひっくり返った鏡文字や、間違った字を書いても、それを直したりしないで、そっとしてあげればいいと思います。

憶えてしまった字を忘れさせることはできませんから、その子どもの興味が文字や数などだけに集中しないで、幼児ならではの活動や遊びに自然に向かっていけるような配慮ができたらよいでしょう。

ピアノ、ヴァイオリン、楽器、体操、水泳、サッカー、バレエ、絵画、英語、そのほかいろいろな早期教育がありますが、それが本当に自分の子どもにとって必要なことなのかを一度ゆっくりしっかりと考えてみるとよいと思います。その子どものことをよく観察し、「畏敬の念」とともに受け入れ、そしてその子どもが「どう育って行きたいのか」ということに私たち大人が愛情を持った関心を持つことによって、その子どもに何が必要なのか、どう接したらよいかということが少しわかってくるのではないかと思います。決して全部わかることはないですが。

きらはじめ
1962年東京生まれ。88年から92年までドイツに留学、ヴィッテンのヴァルドルフ幼稚園教師養成ゼミナール修了後、シュタイナー教育の音楽教育、マンネマリー・ローリングのもとでライアー演奏を学ぶ。95年の南沢シュタイナー子ども園開園時よりクラス担任を続ける一方、ライアーの指導・演奏も行っている。著書に『シュタイナー教育のまなざし』(学研)などがある。

"自立する力"を邪魔しないで

見尾三保子さん（「ミオ塾」主宰）

40年以上にわたって、小学生から大学受験生までの塾生を見てきた見尾先生は、幼児期から親が世話をして「こしらえた」子どもと、自ら発見し、実感として学習してきた子どもにははっきり違いがあるといいます。そして、幼児のときに生活習慣の中からの学びが少なかった子どもは、学力にも大きな影響があるというのです。私たちは子どもの成長する力を妨げていないでしょうか？

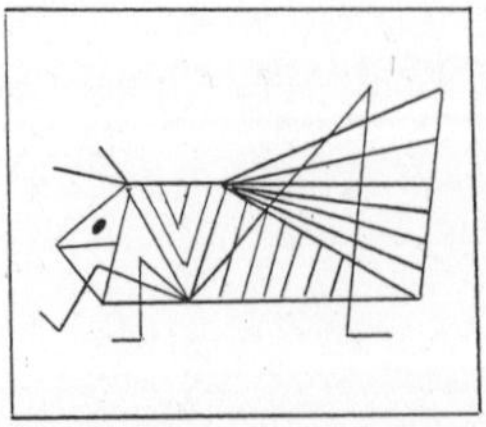

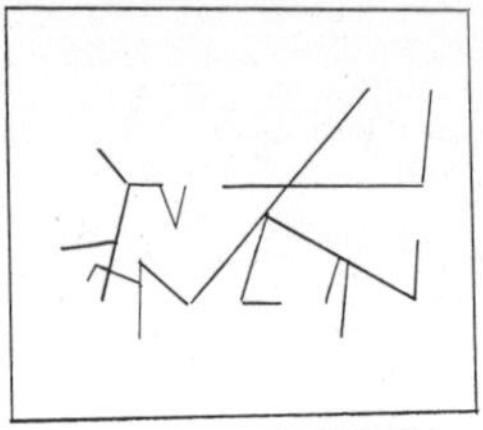

赤ちゃんは「動物」

私の長女が3歳くらいだった頃にこんなことがありました。当時私は、家事と育児と塾の経営で非常に忙しくしていました。ある日、家事が一段落してイスに座って休みながら、しばらく会っていない友達のことを思いだしていました。

すると縁側にいた長女が突然、「きみえちゃんって誰?」と言ったのです。私はちょうどその友達のことを考えていたのですが、口に出していったわけではなかったのでとても驚きました。

いま、私には2歳の孫がいますが、娘がこの孫を乳母車に乗せ、近所の同じ年頃の子を持つ母親と一緒に乳母車を押しながら町中を歩いていた時のことです。2人の子どもが一緒に、乳母車の中から何かに向かって「ばいばーい」をしたそうです。子どもたちが手を振っている先には誰もいなかったので、母親たちは「何でしょうねぇ」といいあったのですが、後で娘は「きみえちゃんって誰?」の話を思い出して、子どもは不思議な力を持っていて、自分たちには見えない何かが見えたのかも知れないと思ったそうです。

この話をある大学の先生にしたところ、「そうではないでしょうね。子どもにとっては人も木も、まだみんな同じなんですよ。その時は、もしかしたら、ちょっと変わった形の木でもあったのかもしれませんね」とおっしゃいました。乳幼児にはまだ、自然と人の区別がないというのです。

いずれにしても、私は生まれてきたばかりの赤ちゃんは、私たちが思っているより遥《はる》かに動物的で、大人が失ってしまった力を持っているのではないか、大きくなるにつれてそれがなくなっていくのではないか、と思っています。そして、そういう能力をつぶしているのは、大人のせいだと。

未開の地で暮らしている人たちは、現代文明の中で生活している私たちには考えられないような遠くの音を聞き取ったり、気配を感じたりするという話を聞きます。文明というものに邪魔されない人々は、成長しても動物的な鋭い感覚が残っているのでしょう。同じように、赤ちゃんは私たちが思っている以上に動物的な鋭い感覚、生命力を持っているのだと思うのです。

しかし、親はしばしばこうした子どもの生命力を踏みにじり、世話をしすぎて、子どもをこしらえてしまいます。子どもが「人」になるには、親が教えるのではなく、その赤ちゃん自身に任せて、赤ちゃん自身が自分の目で見て、発見したり、小さな段差を落ちたりしながら学習して、自分の中で作り上げていく過程が不可欠です。

いろいろな体験をして、実感として人間や世の中を発見し、学習していかなければなりません。親がこしらえるのではなく、赤ちゃんが「自分でする」ことが大切なのです。

子どもの教育を考えるとき、ほとんどの親は、子どもが小さいころには何を教えたらいいのか、いけないのかという知識や方法に飛びつきがちです。そこには、赤ちゃんはまず動物としての「人」であるという認識が欠けているようです。

人間以外の動物は、子ども自身が持って生まれた力で学習して一人前になっていきます。同じように、人の赤ちゃんも生きる力、本能を持っていますから、赤ちゃんが持っているそうした力で一人前になれるようにすることを、まず考えてほしいと思います。それをさせずに「人」として一人前になれなかった場合に、もろもろの問題を起こすことになるでしょう。

洋服から手を離さない母親

先日、娘が孫を連れてやってきたときのことです。私たちが話をしていると「ゴッツン！」という大きな音がしました。部屋を一人で探検していた孫が転んだのです。しかし、孫は泣くこともなく、しばらくすると「平気だよ」といっているかのようにニコッと笑いました。

娘に聞いてみると、1歳児検診で段差から落ちるテストをしたときには「この子は背中から落ちる」と医者がびっくりしたそうです。それまでに何度も落ちた経験があったので、頭を打たないように自然に背中から落ちるようになったというのです。

娘の子育てを見ていると、ケガをしないように危険なものは部屋に置かないようにしていますが、転んだり、ちょっとした段差から落ちたくらいでは何もしません。いつ何が起こるか分かりませんから常に見守ってはいますが、手は貸しません。そのせいで孫は、自分で考え、自分のやりたいことを一日中やっているそうです。

私の家で孫がイスに座っていたときのことです。何かの拍子に、手に持っていたビー玉が股の間からポロっと床に落ちました。すると、また一つ、また一つと次々に落としては床に着くまで見とどけるということをくり返しました。

私が娘に「何をやってんのかな？」というと、「ニュートンよ」といいました。私たちにとっては物が落ちるということは当たり前のことですが、乳幼児にとっては、物は落ちる、という初めての経験を熱心に、飽きずにくり返し行っていたのです。おそらく「落ちる」ことを発見し、実感として体験していたのでしょう。

孫は、一日中自分の好きなことをやっています。よく疲れない、よく飽きないと思うほど、一秒もぽかんとしていません。一つのことに夢中になると、そればかりやります。親が手を貸さないから、「自分でする」ことが身に付いているようです。

公園に行って滑り台を見ていると、乳幼児の洋服をずうっとつかんで滑らせている親御さんがいます。また、乳幼児のやりたいように滑らせて、しかし落ちたときのことを考えて身構えている親御さんもたまにいます。

ほとんどすべての親が最初から最後まで洋服をつかんでいますが、私はこれはとても象徴的なことだと思います。私の塾には小学生から高校生までが来ていますが、多くの親は赤ちゃんの時からずっと洋服をつかんでいて、高校を出て大学に入るまで、つかみっぱなしだからです。

プレッシャーにさらされる子どもたち

私の塾に高2のA君が来たときは、数学が苦手で、いつも隣の席に座るB君に教えてもらっていました。B君は数学が良くできて、代々木ゼミナールの全国模試で50番になったこともあります。

しかしA君にだんだんと力が付いてきて、ある時ついにB君に数学を教えるようになりました。私は感心して、「きみ、力ついたわねぇ」とほめました。そして「お母さんに電話しなきゃね」というと、A君は即座に「やめてくださいよ」といいました。「なぜ?」と聞くと、できるようになったと聞くとお母さんがさらに期待するから黙っていてほしいというのです。

それで思い出したのは、半年前B君が全国模試50番をとったときのことです。そのときも、B君は「親には絶対に言わないでください」といいました。「そんなにできるようになったんだから、がんばらなきゃってなるんですよ……」というのです。できるようになったことを親が知ったら、もっと期待するからというのが理由です。

親の期待のプレッシャーはそれだけ大変なのです、特に男の子のプレッシャーは非常に重いようです。

家に帰りたくないD君

中学3年生のD君は、最初は1週間に3回私の塾に来ていましたが、受験を控えた12月頃からは、毎日来るようになりました。そのうえ、ほかの塾にも行っていました。土日は塾のハシゴです。親は金銭的な負担

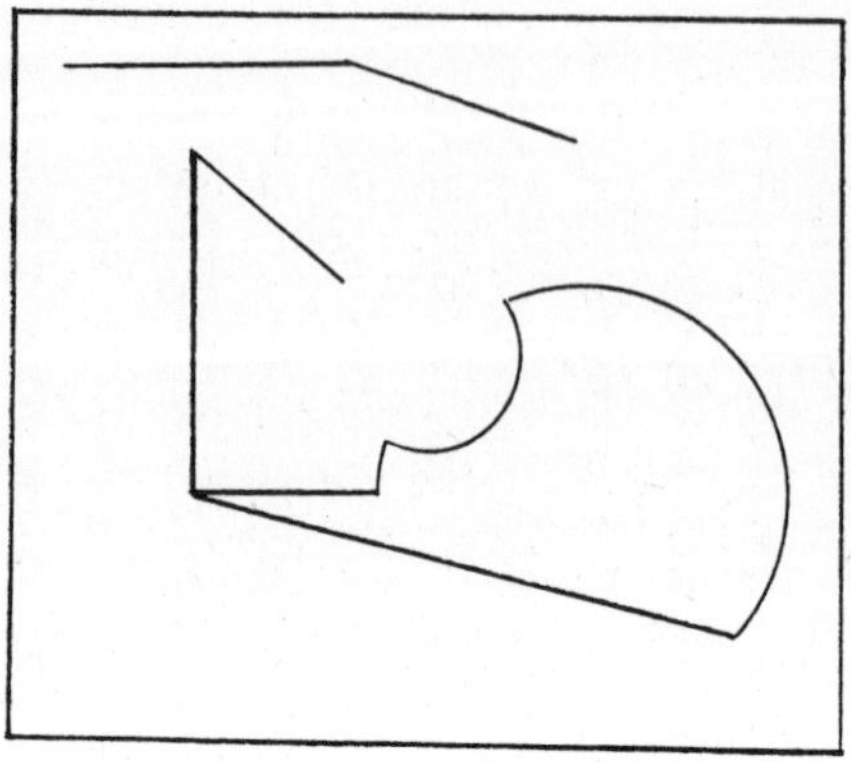

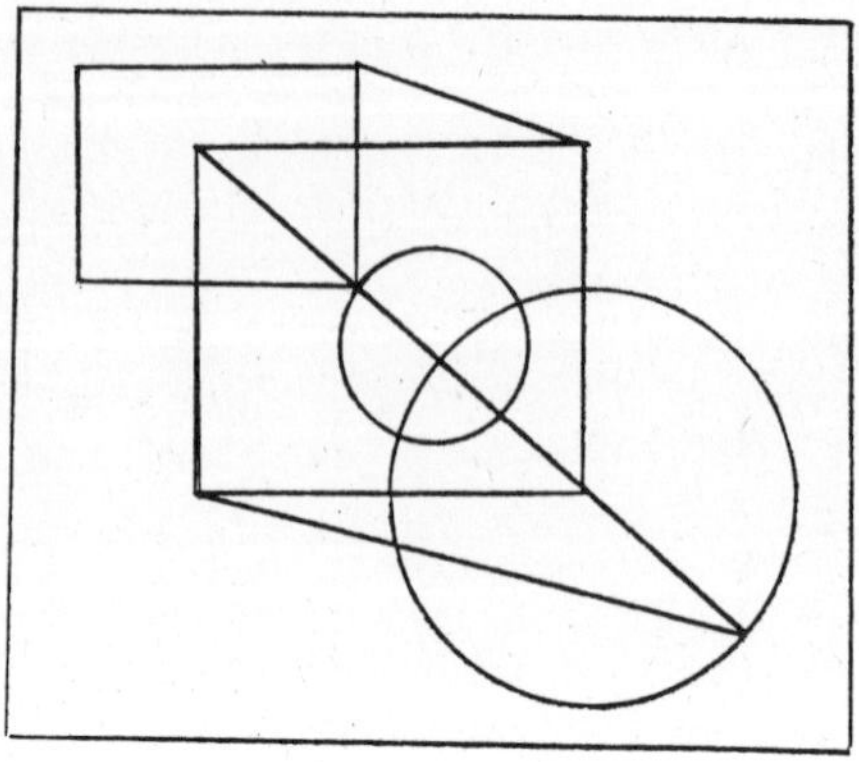

が大変でしょうが、「受験間近になったから勉強する気になったんだ」と思ったことでしょう。

しかし、私はある時、気がつきました。D君は家にいたくなかったのです。勉強しているかと、いつも母親の目が光っています。テレビを見ていれば「勉強しなさい」といわれます。だから、家にいたくない、親のそばにいたくない。土曜、日曜は1日が長いから、どっかの塾に行ってから私の塾に来る。あるいは、私の塾の後でどこかの塾に行く。非常に明るい子でしたが、親のそばにいないようにしていたのです。

ある時、帰りがけにマンガ本を出して「先生、悪いけど、これ預かっといて」といいました。「それはいいけど、なんで?」というと、「こんなものカバンに入れてたら、おふくろが大変なんだ」。

聞いていた小学校6年の女の子たちがケラケラと笑いました。

するとD君がいいました。「お前たちも中3になってみろ。そしたら、わかるから」。

世の中の子どもたちは、親の期待で押しつぶされようとしています。プレッシャーを、誰にもいえずに自分で抱え込んでいる子がたくさんいることを知ってほしいと思います。

失敗してもそれも経験です。長い人生を生きていくのは結局は自分自身の力しかありません。お母さんがどこまで心配し、補助をしても、最後は自分の力で生きていかなければなりません。失敗したときの経験が、自分を大きくしたり、自分に力を与えるのです。そのことをある中1男子の母親と話していたとき「でも先生、心配でしょうがないんですよ」「息子さんがそんなに信じられないんですか。信じて任せることができないんですか」と思わず私は言いました。「信じて任せられている」と知ったとき、本当のやる気、子ども自身の力が出せるのです。

　数学ができなかったA君の口癖《くちぐせ》は「うるせー」でした。ある時、「きみね、その、うるせーっていうの、やめなさい」というと、素直に聞いて、だいぶよくなりました。でも口癖だからときどきでてしまいます。

　ある時「うるせー」といってから、のけぞって「……くない！」といったことがありました。そして、そっくり返って「また、やっちゃった」と苦笑していました。

　たぶんA君は、小さい頃からお母さんから、ああだこうだいわれて、それに対して「うるせー、うるせー」といっているうちに口癖になったのだと思います。

　もしかしたら、今の子どもたちが「うるせー」というのは、いくつになっても洋服をつかみ続けている親たちへの反発なのかもしれません。

机の前より普段の中で

　私の塾では、学校の勉強だけでなく、オリジナルの教材を使って頭の体操のようなことも行っています。たとえば、42ページの問題は、左の完成した絵と同じになるように、右の絵に線を書き足していくというもので、1番から150番まであります。簡単そうですが意外に難しくて、全部ができた人は高校生を含めても一人もいません。

　提出された解答用紙を私が見て「はい、書き直し」と返すと、自分はできたと思っている子どもたちは、「自分はなんて不注意なのだろう、こんなところを見落としてた」と思い、だんだんと注意深くなっていくのです。

　最近の子どもは10年前の子と比べて注意力が足りませんし、勘も悪くなっているので、そこを補うためにこうした練習をしているのです。

　このことをある小3女子のお母さんに説明したところ、非常に感心して「注意力を養うためには、家ではどういう勉強をしたらいいでしょうか？」と尋ねられました。

　私は思わず笑い出しそうになりました。親御さんは、子どもが机に向かって勉強さえしてくれれば安心しています。だから、家の手伝いをさせることもなく勉強の時間を確保しよう、お稽古ごともやってほしいと一生懸命です。

　でも、例えば夕食の時にお膳《ぜん》の支度、食器を揃えてお箸《はし》を揃えるということをやらせれば、「誰々のお箸がないでしょ」「今日はカレーだからスプーンだけじゃなくお箸もなきゃダメでしょ」といったことが起こります。お醤油が置いてないよといったことです。すると、特別なことは何もしなくても、注意力は養われていきます。

最近驚いたのは、高校生でも空間がつかめていないということでした。たくさんのサイコロが積んである絵を見せて、「これと同じに積んでごらん」といってサイコロを渡しても積めないのです。絵には見えていないところにサイコロがどういうふうに置かれているかという奥行きの感覚がまったくないからです。外でいろいろな遊びをして実体験をしていれば、立体や空間の感覚は自然に身に付いて、奥行きがわかるはずですが、そういう体験がないので立体や空間の感覚が身に付いていないのです。

読解力の基礎は幼児期にあった

私の塾に子どもを入れる親御さんの誰もがいうのは、「文章読解が苦手なので国語を教えてください」ということです。そういう親御さんの話を聞いていると、「はい、この文章を読んで」とやっていると読解力が養われると思っているようです。

しかし、読解の本質は、著者が何をいっているかを読みとるということです。つまり文章と自分とのコミュニケーションなのです。

その基礎になるのは、赤ちゃんの時からの人とのコミュニケーション、人の気持ちや相手のいっていることを理解をするという体験であり、それに対して自分の考えをいうということが読解の基礎になっています。その基礎ができていないために、小学校の高学年から中学生になって読解ができてないわけです。

ですから、早くから英語の勉強をしたり、お稽古ごとをするよりも、きちんと自分の意見を話せること、家庭の中でのコミュニケーションをし、互いに意見を言い合うといったことが大切なのです。

赤ちゃんは言葉がしゃべれないので、何かを言っていても何を言っているかわかりません。だからといって知らん顔をするのではなく、一生懸命に聞いてあげることです。何かを伝えようとしている赤ちゃんをほっておくと、赤ちゃんはコミュニケーションが断ち切られたと思います。言葉がしゃべれないながらも関連のあるものを指さしたり、一生懸命に伝えようとする。それこそがコミュニケーションの始まりであり、読解の始まりです。

それをやらずに、大きくなってから「算数の文章題が」とか「読解が……」になるわけです。赤ちゃんの時、幼児期にお手伝いや遊びをして自然な形で実体験としてやっておかなければならなかったことを、今、私が教材を工夫して、苦労してやらせているわけです。

でも、子ども達がリクエストして、喜々としてやり、そして変わって行くのは楽しいものです。

このように考えてくると、お稽古がすべていけないといいませんが、させる場合には「子どもがやりたがっている」ということが前提になります。運動が好きだ、絵を描くのが好きらしい、音楽にすごく興味を持っていて、簡単な楽器でも手にしたら夢中になってやるというように、子どもを見ていて、子どもが本当に夢中になってやることがあれば、それをやらせるのがいいでしょう。

逆に、「隣の子がやっているから」「3歳から始めないと間に合わないといっているから」ということで始めるのであればやめた方がいいと思います。あくまでも、子どもが主体で、子ども自身がやるのだということを忘れないでください。

「やりたいこと」がみつからない

私が40年以上も塾をやってきたのは、私自身が子どもの時から勉強が好きだったからです。勉強のおもしろさを子どもたちに伝えようとしているのです。

子どもたちが成長し、ある時期になると「自分は何をしよう、何の能力もないしどうしよう、どうしよう」と思う時がきます。その時には「自分のやりたいこと、好きなことをやればいいんだよ」と私はいってあげます。子どもが「自分は将来何になろう?」というときも、親が「この子は何の能力があるのかな」と考えるときも、子どもの好きなことをやればいいと答えます。

しかし、幼児期に「自分で」いろいろなことをした経験がないと、いつまで経っても、肝心な「自分がやりたいこと、自分の好きなこと」がみつけられないようです。赤ちゃんの時から管理されて育っていると、自分の好きなことさえも見つからないのです。

みおみほこ
１９５８年、神奈川県藤沢市片瀬の自宅で夫と学習塾「ミオ塾」を開く。夫の亡き後も塾を経営しながら一人で三人の子どもを育て、現在に至る。また、78年から15年間、神奈川県立七里ヶ浜高校講師も務めた。
ミオ塾に通う小学生から大学受験生までを約80名の約2割は卒塾生の子どもたちで、オリジナルの教材を使用しながら、子どもの好奇心に沿って才能を引き出す教育を実践している。著書に『お母さんは勉強を教えないで』（草思社）がある。

※この原稿は見尾三保子さんのお話を編集部でまとめ、見尾さんにチェックしていただきました

子どもには「チャレンジするこころ」を！

グレゴリー・クラークさん（多摩大学名誉学長）

イギリスで生まれ、オーストラリアで育ち、外交官を勤め、日本で暮らすグレゴリー・クラークさんは、日本（人）のよいところも悪いところもよく知っている〝外国人〟だ。

そのグレゴリーさんに聞いてみました。日本の教育のこと、それから、親として子どもに教えなければならないことは何か、ということを……。

多摩大学名誉学長。国際教養大学副学長。1936年イギリス生まれ、オーストラリアで育つ。16歳でイギリス、オックスフォード大学に合格。56年オーストラリア外務省勤務（中国駐在、駐ソ大使館一等書記官）、その後、来日し、76年に上智大学教授に。90年よりアジア経済研究所開発スクール学長。95〜01年多摩大学学長。東京都文化賞受賞。千葉県環境会議、日本銀行有識者懇談会、文部省大学審議会委員などを歴任。著書に『国際政治と中国』（アジア経済研究所）、『ユニークな日本人』（講談社現代新書）、『誤解される日本人』（講談社）、『クラーク先生の英語勉強革命』（ごま書房）、『なぜ日本の教育は変わらないのですか』（東洋経済新報社）などがある。

■日本のおかしな教育制度と受験

――グレゴリーさんはお子さんをどこで育てたのですか？


私の子どもは、日本の保育園に通わせました。日本の保育園は世界一といってもいいと思います。非常に評判がいいですね。保育士たちがみんな熱心ですし、親切です。他の国では日本ほどではないと思います。

妻が働いていましたから生後6か月くらいから預けま

したが、まったく後悔していません。もちろん保育園では簡単なことだけで、あまり教育的なことをやっていませんでした。

でも、同時に家の中で日常的に英語と日本語を話していたので、子どもはバイリンガルになって、就職もうまくいきました。

――子どもをバイリンガルにしたいと願っている親が、いまとても増えています。

私は、子どもが小さいときから日本語と英語をやってもいいと思います。3つくらいの言葉を同時に習ってもいいと思いますね。そうしたことは外国では良くありませんから。

ただ、毎日毎日、生活の中でやらないとあまり意味はないんです。よく指摘されていることですが、学校で週に2~3時間だけ英語をやるのは意味がありません。

子どもの脳の可能性は大人よりも大きいはずだから、小さいときから勉強をしてもいいと思いますが、単なる入学試験のための勉強は意味がありません。日本の入学試験の制度はおかしいですから、そのための受験勉強はよくないですよ。

――日本の入学試験のどこがおかしいのでしょうか?

18歳の時の一回の試験だけでほとんど全てが決められてしまう仕組みになっているからです。外国でも難しい大学に入るのは大変です。けれども、一つの試験だけではなく、AO(アドミッションズ・オフィス)入試制度など、他の方法でも受験生を選んでいます。

――アドミッションズ・オフィス入試というのは?

アドミッションズ・オフィスという入学者を選抜するための部局を設置して、そこの担当者が、書類審査や面接などによって入学者を選ぶ方法です。ペーパー入試の成績だけでなく、生徒会・クラブ活動などでの指導性、資格、文化・芸術・スポーツなどの能力や技能といったことも含めて判断します。学校にいる間の成績も考慮されますし、ボランティア活動をやっているかどうかも大切ですし、推薦《すいせん》制度もあります。

それに、日本の大学入試は3科目くらいでしょう。これもおかしいですよ。欧米では最低でも5つ、場合によっては6つ、7つとあります。物理や化学といった理数系に進む場合でも、幅広い教育を受けなければなりません。私の場合は数学が2つありました。他にも物理学、化学もやらなければなりませんでした。もちろん歴史もです、そういう教育には意味があります。

日本はあまりに狭すぎます。しかも暗記が中心です。そして、結局はこの入試に向けて中学でも高校でも勉強しているわけです。勉強の目的が大学入試になっています。

それから欧米では、大学に入ってからも毎年、成績が良くなければ進級も卒業もできません、いわゆる一流大学に入れずに二流でも三流でも、大学に入れさえすれば挽回できるチャンスがいっぱいあるんです。ロースクールやビジネススクールといった大学院教育がとても大切にされているからです。

——日本では理系と文系がはっきり分かれていますが。

欧米にはそういう考え方はないですね。大学受験までは幅広く学んで、その後で専門化していくから、大学受験で失敗して望む大学に行けなかったとしても、学部が終わったらロースクールやビジネススクールにいけば挽《ばん》回《かい》できます。第一志望の大学に入れなくても学部の成績がよければ、後で挽回できるチャンスがあるんです。日本でも法科大学院ができたりしてちょっとはよくなりましたが、まだまだ足りていません。

日本の大学でもいろいろな講義があります。どれを選んでもいいけれど、日本では大学生が真面目に勉強するインセンティブ（やる気を起こさせるような刺激）がないんです。就職の時にも学部の成績はほとんど考慮されないし、大学院に行かないとうまく就職ができないということもない。18歳の時にどこの大学に入ったかでほとんどすべてが決められてしまいます。それでは、大学生が勉強するインセンティブがない、これが問題なのです。大学入試だけが厳しいという制度は意味がありません。

日本で学校を出ても就職しないフリーターや働かないニートと呼ばれる若者が増えているのには、私は、受験に集約される意味のない勉強や学歴社会への反発もあると思います。低年齢化している凶悪な犯罪についても、こうした教育制度の影響が大きいのではないでしょうか。

——どうしたらよいのでしょうか？

幅広くて、一流大学に入れなくてもいいような制度にすることです。

私は以前から「暫定《ざんてい》入学制度」を提案しています。これは、入学試験を落ちても大学に通ってもいいよ、という制度です。授業料は払ってもらいますが、入学金はもらいません。その代わり1年間しっかり勉強しないと退学です。こういう制度を導入すると受験勉強の圧力が少

グレゴリーさんの房総の自宅の庭。

しはやわらぐと思います。

私が故小渕総理の教育改革国民会議のメンバーだった時に、このアイデアを提案したので報告書には書いてあります。しかし、実際にこの制度を導入している大学はほとんどありません。

私が２００４年から副学長を勤めている秋田県立国際教養大学では、毎年15人くらいの学生の暫定入学を認めています。入学金はもらっていないからリスクはありますが、成績がよければ2年生として正規の学生になれるんです。やってみたら、正規の学生よりもこの学生たちの方が成績がいい。彼らはがんばっています。これは日本の教育改革への私の小さな貢献だと思います。

それから、国際教養大学ではすべての授業を英語で行っています。全員が英語で講義を聞き、理解し、発言して自分の考えを述べ、論文もまとめます。集中して英語をやることで本当に使える英語力＝アカデミック・イングリッシュを身につけられるようにです。

――それは素晴らしいですね。

日本の大学入試科目の1科目はほとんどの場合英語ですが、受験英語は最悪です。実体験がともなわない受験英語を勉強すればするほど、英語がしゃべれなくなってしまいます。身につけてしまった受験英語を後で直すのはほとんど不可能です。

――受験英語のどこが悪いのでしょう?

一つは強制的であること、それから読み書きだけだということです。読み書きだけの英語を覚えてしまうと、しゃべる英語は難しくなります。もちろん読み書きは大事なのですが、同時に口と耳と使わなければいけません。

だから、私は多摩大学の学長になったときに入試から英語を外そうと思いました。英語はもちろん必要ですが、やろうと思えば大学に入ってから4年間集中的にやればいいんです。「法学と英語」「経済学と中国語」というようなダブル専攻制度にしてもいい。小さいときに無理をしてやる必要はありません。18歳でスタートしても英語がまわりにある自然な環境の中で集中して教えられればできるようになります。

――週に2、3時間は意味がない。きちんと集中してやりなさいと？

しかも必修ではなくて選択にして本人がやりたければやればいい。強制では無理です。

庭づくりが大好きなグレゴリーさん。

――日本の子どもたちは2、3歳から塾や教室に通う子どもが増えていますが、どう思われますか。

日本の親はみんな焦《あせ》っていますね。私立の有名中学や小学校に入らないといけない、まりは、一流大学に行かせるために焦っているわけです。でも、欧米方式であれば小さいときから塾や教室に行かせる必要もないのです。

――焦りの原因はやはりチャンスが一回しかないからでしょうか？

それが一番大きな原因だと思います。

――ある年齢になったら集中して勉強する必要はあるけれど、小さいときは……。

余裕を与えるべきです。たっぷり時間をとって。私が子どものころはボーイスカウトに入っていて、週末や、ときには平日の夜もキャンプファイヤーをやったりしていました。いまでも欧米ではそういうことは珍しくないでしょう。高校生くらいになって大学に入るために集中して勉強するために塾などに行くというのはわかりますが、小さいときは塾や教室に行かせるのはおかしいですよ。

■過保護社会・日本の悪いところ、よいところ

――クラークさんは、親が子どもに与えなければならない最も大切なことは何だと考えていますか?

冒険精神、チャレンジする心。小さいときから冒険精神を育てることが必要だと思います。

――幼稚園や保育園の先生が親切でよく面倒をみることと、子どもの冒険精神を育てることは矛盾しませんか?

子どもが小さいときは、日本の幼稚園や保育園のように親切に接することはいいことです。欧米では子どもが小さいときから自主性を重んじて、「自分の意見を話しなさい」といわれます。小学校ではやかましいくらいにそれが求められますが、私はそこまではしなくていい、むしろ小さいときは日本の方がいいと思います。

しかし、もう少し大きくなってきたらそうした態度はやめ、冒険心や自主性を育てることを考えなければなりません。

――具体的にはどんなことですか。

公園を散歩するといった自然とのふれあいだけではなく、アドベンチャーとしての川下りとか山登りをするのはいいですね。私は小さいときに山に入って、食べ物を全部自分で運んで、3日間、野宿をさせられましたし、私も子どもが小さかったときには、一人で山に入れて、夕方には戻りなさいといったこともあります。そういう体験をさせてよかったと思っています。

それから、畑で野菜を育てたりするのも子どもには意味のあることです。危険がなくて意味のあることです。

――冒険心がないと大きくなっても、未知のことにチャレンジすることができないでしょうね?

そうですね。日本の子どもはチャレンジする気持ちが弱く、社会の中でチャレンジ精神を養成されていません。日本には「かわいい子には旅をさせろ」ということわざがありますね、昔の日本人はもう少ししっかりしていたのだと思いますよ。(笑い)

しかし、現代の日本は「過保護社会」ですから不可能でしょうね。子どもがちょっとでも事故にあえば大騒ぎをします。欧米でも明らかに危ないことをさせれば大人の責任になりますが、そうでなければちょっとしたケガをしたくらいでは責任にはなりません。ケガをするのは自分の責任ですよ。当然のことです。

――子どもの冒険心を育てないで、将来を決めるチャンスも一回しかなく、大学生になっても勉強するインセンティブがなく、社会としてもチャレンジ精神が弱い、これが日本ですか？

そういう面があります。

3、4年前にこんなニュースがありました。どこかの先生が雨の後に子どもを散歩に連れて行ったら、崖《がけ》から大きな石が落ちてきて子どもが亡くなったという事故です。それは先生の責任になりました。信じられないことです。石が落ちてくるのは予想できないことです。でも「雨が降ったばかりだから石が落ちてくるのは予想できた。先生の責任だ」というのであれば、雨が降ったら散歩もできないということです。雨の降った翌日、散歩に連れて行ったら、上から石が落ちてくるという予想をすべきだったのでしょうか。不幸な事件ではありますが、欧米であれば先生の責任にはならないし、大きなニュースにはなりません。

こんなこともありました。

乗馬好きの私の友人が乗馬クラブをつくって、お客様たちをイギリス遠征に連れて行きました。その時に一人が心臓発作で亡くなってしまったのです。管轄している日本の役所は私の友人の責任だとして、クラブの認可を取り消しました。馬から落ちたのでなく、心臓発作であるにもかかわらず、彼の責任になったのです。信じられないくらいに過保護な社会です。

電車に乗っても「○○にご注意ください」とか「忘れ物しないように」と、絶えずアナウンスがありますね。あれも欧米なら考えられないのですが、こんなことを言っても、日本人にはわかってもらえないでしょうね。

――日本人にとってはあまりに普通のことなので、おかしいという感じをもっていないでしょう。

日本人の短所と長所は全て同じことから発しています。それは「集団主義社会」「共同体主義社会」だということです。理由は島国で封建主義社会が長かったからでしょう。外国でも地理的に同じ状況に置かれた社会は同じような現象が見られます。たとえば北ヨーロッパと日本は似ている面がありました。いまはずいぶん違いますが。東南アジアでもそういう国はあります。

外国の古くからの伝統のある国々ではそういうレベルを卒業して、理性的な原理原則を持っていますが、日本ではいまなお高いレベルにおいても共同体意識があります。人間関係や感性的な関係です。

たとえば、高校は一つの共同体です。大学は別な共同体です。別な共同体に入るために厳しい試験を課しているのが日本のシステムです。だから共同体に入ることが重要で、入ってしまったらもう、どうでもいいんです。

もちろん、日本の過保護社会も魅力的な面はあります。欧米は個人が強いから町を歩いていてもどこか対立的ですが、私は外国から日本に戻って来たときに成田空港で、日本の「共同体」を感じます。電車に乗っても、お互いに譲りあったりと気を配っています。日本人の正直さは大きな魅力ですし、日本人同士がお互いによく協力するという良い面もあります。これも共同体文化のよいところです。

しかし、日本は世界の国々が持っている原理原則がわかっていません。だからは日本はずるい国、場当たり的、ご都合主義と見られますし、反日感情が起こるんです。特に中国人は原理原則を非常に大切する人々です。

――国際社会で通用するような原理原則が日本はわかっていない?

そう。たとえば、最近話題になった日本と中国、日本と韓国との領海や国境の問題がありますが、日本が主張しているのは小さな原則で、大きな原理原則はわかっていない。

細かい技術や品質管理とかは日本はすばらしいですが、一方で、品質管理は駄目だけれど原理原則を持っている国もあります。グローバリゼーションという見地からいうと、原理原則がない日本は負けてしまいます。おもしろいことに、明治維新の頃の日本人は、いまよりももっと欧米的でした。言葉も上手でしたし外交もうまかった。理由は、当時の日本人が中国的な教育を受けていたからです。ところが、第二次大戦で負けて以降、家族的、共同体的になってしまいました。

――日本が生きて行くにはどうしたらいいのでしょう?

このままでは自滅ですね。長期的に見れば完全に間違った経済政策を進めていますし、外交も内向き過ぎていますから。

――グローバル化する世界で通用する日本になるにはどういう教育が必要ですか?

先ほどいったように、意味のない受験勉強や学歴社会をやめ、冒険心やチャレンジする心を育て、自主性が育つような教育をすることです。

オランダ、北欧教育に見える?日本の未来

柴田敬三(本誌プロデューサー)

なぜ、早期教育に走るのでしょうか?
なぜ、不登校児が増え続けるのでしょうか?
競争、学歴社会からは、何も生まれない?
日本の教育はすでに崩壊しているのでは?

問題だらけの日本の教育

学歴社会。学力、競争、試験。やり直しの難しい日本の教育システム。明治以後、欧米社会に追いつこうとしてきた結果、皮肉なことに日本の教育方針が大きく揺らいでいます。

例えば、最近の新聞報道でも、PTA調査で「学力低下心配76%」、〝週5日制〟否定派が約40%。しかし「総合学習の時間」に対しては賛成が否定を大きく上回っているというように、一貫性が欠落しているようです。

一方、横浜市では全市立小学校で、1年生から英語を、早ければ2009年より開始という報告書を、議論の進まない文部科学省に先がけて発表しています。特区認定という形の英語教育校は、全国46自治体にあり、やるのかやらないのか、文部科学省の英語教育への方針の揺るぎが目立ち始めました。

また、不登校児が中学3年生以下で約13万人と推定され、学級崩壊や教育崩壊はもはや日常化していると考えられます。子どもたちの学校不参加や、教育崩壊のような子どもたち側からの問題提起は、日本の教育システムの機能不全を意味しているように思われます。そこで、ついにフリースクールも「学校」とみなす形へ文部科学省は検討を開始するようです。

さらに新しい問題として、私立中学受験の異常な伸びも指摘されています。首都圏の私立中学受験者数は、2003年で2002年の23%増となり、17万3665人を数えています。公立中学校離れの加速と、同時に塾業界はバ

ブル時代の活気に戻った、という新聞報道がありました。競争が教育をビジネス化させている表れといえます。

子どもたちを受験や、競争に追いやる日本の教育界。親は当然、我が子の未来の安心、安定を願い、小学校、あるいは幼児教育に力とお金を注ぐことになります。いわゆる早期教育や教室、おけいこごとなどの繁栄する姿が目に浮かびます。少子化や日本経済の低迷、失業、リストラなどの社会的不安がその遠因にあるのも確かでしょう。

しかし、生まれてきたその子どもの境遇や親の貧富の差で、教育を受ける環境や機会に、また人生の成功や不成功、就職や生涯収入に大きな格差が生じうる社会が、健全で夢のある幸せな社会と言えるのでしょうか。今日の日本のように「勝ち組み」「負け組み」といった金銭的階層化を助長する社会が、果して子どもたちの住みたい未来なのでしょうか。私はそんな日本に大きな疑問を抱きます。

今号では、こうした競争の放任や多様性の閉ざされた状況を繰り広げる日本の教育の実情と、その右往左往する姿に不安を感じる親の皆さんへの提案として、〝子どもたちの幸せな未来〟にとって「激化する早期教育等をどう考えたらよいか」について特集を試みました。

ご登場の専門家の方々は、立場こそ違うものの、それぞれ傾聴に値するメッセージを発信してくださいました。これらの「まとめ」は60頁に譲りますが、7歳までの早期教育へのヒントとして、世界で最も進んだ教育を実践するオランダや北欧各国の「教育観」をこのコーナーで参考としてご紹介したいと思います。皆様の教育議論の参考になれば幸いです。

何が日本と違うのか。その理由は何か。日本は果して今後、教育の中にこれらの先進的事例のような、子どもたち一人ひとりにとって、真に幸せで未来を開く教育に到達できるか否か、ぜひご一緒に考えていただきたいと思うのです。

皆様ご自身のお子さんに対し、今すぐ豊かな教育を与えられるヒントにはなりえないと感じられるでしょうが、未来の子どもたちが、今よりもっと自由で多様で幸せなチャンスに恵まれるように教育を改革するため、日本の低迷する教育の土台の変革は、恐らく待ったなしの時に来ているはずです。

まず、『オランダの教育』（リヒテルズ直子著・平凡社刊）226頁～234頁から、そのエッセンスを引用させていただきます。詳しくは、リヒテルズさんの本をお読み下さい。とても感動的です。

一人ひとりを大切にする教育

「オランダの学校とそれを支えている社会をこれくらいよく表現する言葉は多分他にはないでしょう。ありとあらゆる思想と方法に基づいて作られる学校。それらのたくさんの選択肢から、子供のために学校を選ぶ親の権利。一人ひとりの子供の個性と能力に合わせて行われる個別指導。平均から外れた能力や問題を持つ子供を指導するために存在する矯正教師。社会的にハンディを背負った子供に対する追加補助金。どれをとってもすべての子供を一人残らずすくい取り、その能力を最大限に開発するための制度に他なりません」

「なぜ国が国の制度を挙げて、子供の個性を重視し、ハンディのある子供に教育機会の均等を実現しようと努力するのでしょうか。それは、一様な価値観や尺度で子供を選別していると、そこから落ちこぼれる子供たちが、将来、社会のどこにも位置を得ることができなくなるからです。それは、社会不安の原因ですし、その社会の将来の発展にとって大きな損失です」

「オランダの中等学校では、子供たちが望み、やる気を起こせば、いつでもまた上の学校へ挑戦できます。その一方で『僕は学校の勉強は苦手だ』『僕はこんな仕事がしたい』と大学ではなく、特定の職業を選んでいく子供もいます。そのことをオランダの子供たちは決して敗北とは捉えていません。子供同士の間に競争がないからです。試験の点数で競争させることがないからです」

「こうした教育ができるのは学歴偏重ではないからです。学歴偏重社会は、一定の職業を他の職業より優れているとする社会でもあります。オランダが学歴を誇張しないのは、職業には優劣がないということを、少なくとも倫理として多くの人が原則的に認めているからではないか、と思います」

「皆18歳の成人1年生として同じスタートラインに立つのです。そして本当に勉強したくなったら、またその時にもう一度挑戦する道が開かれています」

「人と人との間にランクづけをしないこと、それは、社会全体として適材適所が実現されるもっとも大事な条件なのかもしれません。子供たちは、他の子供と競争するのではなくて、自分の能力を探しながら中等学校の日々を送ります」

「人は、自分の能力があるがままに認められ、それに相応しい場を社会の中で得てはじめて、大きな幸福感を持って生きていくことができるのではないかと思います」

「オランダの文部科学省は、なぜ『学校の多様性は多ければ多いほど良い』というのか、適材適所は一つの尺度では発見できないからです」

「オランダで大切にされているのは、子供だけではありません。その子供たちを教えている学校の教師たちもまた、制度のなかできちんと人権が守られています。教師たちは自分の考えで教育をするための自由が与えられています」

　といった実に示唆に富む教育実態に私は共感しました。

　同時に、日本は何年経とうが、今のままでは、オランダの教育の足元にすら歩み寄れないのではないかという、絶望にも近い寂しさも抱きました。

　一体何がこの大きな「落差」となってしまったのでしょうか。さらに、この問題を多様に紐《ひも》解くために、北欧の教育情報を（株）シルバーストーン社のムック「エクセレント・シリーズ」（紀伊国屋書店発売）からお伝えしたいと思います。

フィンランドの教師

　２００４年、ＯＥＣＤ（経済協力開発機構）の学習別到達度調査で世界トップの成績をあげたのがフィンランドの中学生でした。その中身は――。

「フィンランドの義務教育は落ちこぼれを作らない。教師は生徒個人の能力を考慮し、皆でレベルアップしようとする精神が浸透。教育方針は、学力の競争ではなく、達成度と柔軟性を重視した授業に重きを置く。フィンランドの高校生が将来なりたい職業は圧倒的に教師が一位。信頼が厚い職業だ」

「学校長、及び現場の教師にかなりの自由と権限が与えられている。教科書の選択も現場の教師に一任。教師になる全ての学生は修士課程を終了しなければならない。大学入学後、5年から7年以上を要する」

「教師の職業は高い人気、大学志願者の10％しか入学を許されない難関」

「『国民のロウソク』という言葉はフィンランドの学校の先生を意味している。暗闇の中に明かりを照らす人、人々を導く存在、正しい知識やモラルの持ち主」以上は「エクセレント・フィンランドＳＩＳＵ」（ＶＯＬ６）から抜粋しました。

スウェーデンの民主主義の教育

次にスウェーデンの義務教育を「エクセレントスウェーデン・CARING」訓覇《くるべ》法子《のりこ》さんのレポートから使わせていただきます。

「スウェーデンの学校は遊ぶところ」

「五感をフルに活用するのが遊び」

「字を習ってから本を読むのでなく、本を読むのが面白いから字を学ぶ意欲がかきたてられる」

「スウェーデン社会の原点は、すべての人が同等の価値を有するという民主主義の基本的価値観にある。民主主義を脅《おびや》かすものに対しては、学校は断固とした立場をとらねばならない。だれ一人としていじめの対象にされてはならない。民主主義を担う一市民として、子どもたちを育てることが学校教育の目的であり、学校とは社会をよりよく変革する方法論を学ぶ場所である」

「学ぶ力の弱い子ども、目的の達成が困難な子どもに対して、学校はとくに教育の責任を有する。教育資源が最も多く与えられなければならないのは、授業についていけない子どもや、学習が遅れる子どもたちである。授業や学校生活を含めて、学校が民主主義的に運営されること。民主主義を媒介にするということは、決して民主主義の定義を教えることではない」

紙面の関係で、ノルウェー、デンマークなどの教育理念をご紹介できずに残念ですが、オランダ、フィンランド、スウェーデンの教育観、それぞれ読者の皆様はどうお感じでしょうか。

日本の何が問題で、限界なのか?

競争がない。学歴や職業の優劣がない。一人ひとりの能力や可能性を尊重する。少人数の学級。教育の自由と多様性。そして開かれた民主主義の確立。教師の高い質。日本には戦後60年たった今も、無いものばかりです。とりわけ、学習についていけない子どもに、最大の投資をする。社会をよりよく変革する方法論を学ぶ、民主主義を担う一市民を育てることが学校の目的だとする、スウェーデンの教育観に、日本がなぜ教育に方向性や方針、そして不登校児への対応に長い間とまどってきたのかへの答えが潜《ひそ》んでいるように私には思えるのです。

日本の教育システムはすでに崩壊寸前?

つまり、小手先で学習指導要領をいじったり、学力低下にあわてたり、授業時間を減らしたり、思慮なくゆとり教育や総合学習を行ったり、歴史教科書の加害行為等の削除や、圧力などで、教育が変革し、民主化する訳がないのです。ましてや教育基本法や憲法を変え、愛国心、文化・伝統を子どもたちに強い、いわんや日の丸君が代の強制

によって教育が欧米並みの最先端に到達できる、などともし本気で考えている人々が為政者にいて、教育の未来を決定しているのであれば、「日本はこれからも変われない」という結論しか見出せないでしょう。

教育を変えるには、保守的で非民主的な古い土台を全部取り換えるつもりで、社会全体の民主主義をより高い完成度に向け底上げする、社会そのものの価値観の変革が必要です。こうした大転換と共に、教育の骨格から見直しをかけてゆく。そのモデルはオランダや北欧にすでにあるのです。が、開かれた高度な民主主義という土台の変革ぬきに方法論だけを変え、物真似をしても本質は全く変わらず、また失敗に終わるでしょう。

拝金主義、競争、職業の優劣、勝者敗者、再チャレンジのないシステム、放置されてきた不登校児……どれをとっても、今日の低レベルの民主主義に依拠する日本の政治、行政ではとうてい改革は不可能です。人々の価値観を本質から改め、民主主義の持つ人間の平等、機会の均等、公正な人間観による教育は、私たちがそれを望むとすれば、長い年月をかけ、汗と努力を傾けなければ手に入るはずがありません。

このままの教育で放置すれば、日本はこのままの非民主的社会を放置したまま、強い者、豊かな階層が栄えるだけの社会に陥《おちい》ります。皆様はどうお考えでしょうか？　この国の未来は教育にあるということを。〝子どもたちの幸せな未来〟は、私たち大人の認識と行動にかかっているはずです。

私たち「ほんの木」は、本書「子どもたちの幸せな未来」（0～7歳のご両親向け）に止まらず、小学生を持つご両親と向き合える、あるいは悩みや困難の支えとなる、新しいメディアの刊行を考えねば、と感じています。日本の教育が世界から取り残され、すでに崩壊しているとあらゆる面で実感できるからです。いかがでしょうか？

今特集への是非やお悩みのこと等、皆さまからのご意見をいただければ幸いです。

〒101・0054
東京都千代田区神田錦町3・21　三錦ビル
ほんの木「子どもたちの幸せな未来」編集部
TEL　03・3291・5121
FAX　03・3295・1080
柴田敬三の「集まれ、世直しブログ」
http://shibatakz.exblog.jp/

資料提供協力／㈱シルバーストーン。また、リヒテルズ直子さんにも引用のご了解をいただきました。感謝申しあげます。

〈特集まとめ〉

「早期教育」とのつきあい方

編集部

今回の特集では早期教育を否定的に語られる方も、
肯定的に語られる方もいらっしゃいました。
しかし、その言葉の奥にはそれほど著しい差があるとは思えません。
ここでもう一度それぞれの方のご意見を、早期教育を中心にまとめてみます。
ここをお読みになり、気になる方は読み直していただければと思います。

汐見稔幸さん

「幼児期の基本は生活と遊びの豊かさ」

①最近は訓練主義的な早期教育はかなり姿を消し、子どもの年齢に応じて楽しくやりながら学ぶという雰囲気の教室が増えてきた。

②子どもにとっては早期教育そのものよりも、家庭の中にある〝早期教育的な雰囲気〟の方が遙《はる》かにも問題。

③4歳以前のお稽古《けいこ》事は、親が楽をするための遊び場所へ行かせていると考えて、子どもへの期待はしない。

④幼児期の子どもにとって一番大切なのは、様々な遊びを通しての豊かな体験が基本。

⑤親が愛情ある眼差しで才能の芽を見守れば、子の才能は伸びていく。

高田明和さん

「脳から学ぶ早期教育、学力、そして才能」

①天才的な才能を持ってる子どもであっても、本当にその才能が伸びるためには早期教育、良い教師と環境、良い訓練が不可欠である。

②今の日本では一流大学へ行くことだけが幸福への道だと考えるのは時代遅れ。幸福な人生への多様な道がある。それを見つけるバイタリティを子どもに育てることが親の務め。

③脳の成長は3歳までというのは間違い。最新の脳科学では25歳でようやく完成。それ以降も伸びることがわかってきた。

④脳の中核には「意欲」がでる場所がある。ここと「知識や情報」を司る場所が結びつくことが、知識や情報だけを吸収することよりも大切。

⑤現実にあるテレビやビデオ、塾を肯定して、みんながやっていることをやった方がいい。その上で、子どもが生き甲斐のある人生を見つけられるように親が手伝ってあげよう。

吉良 創さん
「子どもに本当に必要なことを見極めながら」

①人間の一生の中での幼児期の課題は、なによりも「健やかに身体を育むこと」である。
②子どもの将来を考えて、親は早期教育に取り組ませるが、幼児はなによりも「今」を生きている。それは幼児の時期にしかできないことだから大切にした方がいい。
③幼児は両親や兄弟など身近な人の真似をすることで、頭ではなく身体で「人間であること」を学んでいる。生活から切り離された教材ではなく、生活の中で人間として必要なことを、学んでいけるようにすることが大切。
④幼児への早期教育は、十分成長してないのに無理に生まれさせようとするようなもので、いらぬおせっかいかもしれない。
⑤いろいろな早期教育があるので、どれが本当に自分の子どもにとって必要なのかをしっかりと考えて。

見尾三保子さん
「〝自立する力〟を邪魔しないで」

①赤ちゃんには大人が思っているより遙かにすぐれた「動物的な力」がある。その素晴らしい能力に大人が余計な手を加えるとつぶれてしまう。
②親はみまもっているだけで、どんなことでも赤ちゃんが「自分でする」ことが大切。
③赤ちゃんの時から大人になるまでずっと干渉されている今の子どもたちの、親からのプレッシャーは想像以上のものがある。
④読解力がなくてといって塾にくるが、読解力の基礎は幼児期のコミュニケーションにある。
⑤幼児期に「自分で」いろいろなことをした経験がないと、自分が本当にやりたいことや好きなことがわからない大人になってしまう。

グレゴリー・クラークさん
「子どもには『チャレンジするこころ』を！」

①小さいときから外国語の勉強をやってもいいが、毎日毎日、生活の中でやらないと意味はない。
②日本の教育制度は、つきつめていえば、18歳の時に大学受験のために行われるたった一回の試験だけで全てが決められてしまう。だから、良い大学へ行くためにと早い時期から勉強を始めることになる。でも、そういう勉強は無意味。制度を変える必要がある。
③親が子どもに与えなければならない最も大切なことは「チャレンジするこころ」だが、日本の子どもはそれを育てられていない。
④日本は他の国ではありえないほどの過保護社会。その善し悪しはあるが、国際社会では通用しないだろう。

連載……………④
子育てコラム
あんな話 こんな話

子どもの生命、もっと救える

東京新聞4／4の記事。小児科のある大学病院や子ども病院のうち、専用の小児集中治療室を備えているのは16％だけだという記事が目に入りました。欧米並みに高度救急システムを揃えれば、少くとも日本でも年間、約500人の子どもたちの生命を救えるそうです。

子どもは不慮の事故が多いため、（日本は1～4歳の死亡率が先進国中で高い）国や自治体で考えて欲しいですね。少子化を憂慮するなら、まず態勢を！

約1割の子どもがおかしい

読者欄、5／9朝日新聞、「声」からひとつ。54歳の小学校教員の方、30年教師をやってきて「子どもがおかしい」と。約1割の子たちが、「食」に関すること。牛乳飲めない、野菜食べられない、パンいやがる、毎日御飯持ってくる、おかずはフリカケのみなど。また食物アレルギーの増加、食べ方の遅い子なども目立つそうです。朝からだるい、教師の話が聞けない、勝手に席を離れ、床に寝そべるなど。（原因は家庭教育？　テレビ？）

子どもと性教育をどうする？

毎日新聞3／31付の記事です。3月中旬に行った連載「子どもに性をどう伝えるか」はとても良い企画。文部科学省や自民党、右傾新聞等で性を閉鎖化しようとしている矢先のタイミングでした。

投書の8割が母親から。「すべてを学校まかせにすべきでない」「小中学生でも性感症や妊娠中絶などの正しい知識を教える必要」「性犯罪もふえている、幼ないうちから教育を、幼稚園ごろから」など。マスコミや政府より、母は現実的。

少子化の中の子どもたちの夢

子どもの割合が31年連続減。5／4発表の総務省の統計です。（4月1日現在）15歳未満は1765万人。前年比15万人減。総人口比で31年連続の低下となっています。少子化に歯止めきかず。

大人になったらなりたいものでは、男子で①野球選手、②サッカー選手、③学者・博士、④大工さん、⑤食べ物屋さん。女子①食べ物屋さん、②保・幼の先生、③看護師、④学校の先生、⑤ペット屋さん。いかがですか？（朝日新聞5／5）

文科省「競争は悪」と現状批判

朝日新聞3／12号より。3／5松江市で開かれたタウンミーティングで、中山文科大臣の発言。『「競争は悪だ」という教育をこれまでの学校教育で行ってきた。従って、フリーター、ニートの予備軍を大量に生産することに手を貸しているのでは？』と批判。国旗、国歌に敬意を払う必要がある、とも。日本の教育のレベルはこれ。「オランダの教育」（リヒテルズ直子著）を読んで政治家全取っかえしないと日本、本当に民主主義後進国に。

平和教育、大きく後退

中国新聞3／18より。広島平和教育研究所は3／18、県内の公立小・中校を対象に昨年6月の調査を発表。304校のデータでは、平和教育の年間カリキュラムを策定しているが23・7％。'97調査の95％から大減少。平和教育を推進する学校内の組織体制は「作られていない」が62・8％と過半数に達しました。校長権限強化等、最近の教育行政の流れの中で平和教育が大幅に後退しています。日本の政府・自民党の政策の反映が露骨に！

子どもの肥満に要注意!!

日経新聞3／3夕刊より。高血圧、高脂血症、耐糖能異常。小中学生の10人にひとりが生活習慣症の脅威にさらされています。原因はズバリ、肥満。食生活の乱れ、運動不足、ストレスと過食などがその背景にあります。大人と同じですね。厚労省データでは、30年前に比べ3倍になっているとのこと。また、小児肥満の低年齢化も問題になってきました。ファストフードやスナック菓子をやめ、魚や野菜中心の和食しか解決法はなさそう。

教員の君が代、斉唱の状況は

朝日新聞（大阪）3／22夕刊より。国旗国歌法制定の際、「強制はない」と政府は説明したが、実態はさていかに？公立学校の卒業式などで「日の丸」掲揚と「君が代」斉唱について、独自の取扱いを定めている教育委員会が、11都府県市にあります（朝日新聞調査）。強制力の強い通達は東京都のみ。君が代斉唱で教職員の起立を一律化しているのは、東京、大阪、神奈川、広島、北九州市。精神の自由が無い時代みたいです日本は。

小学生の英語教育、どうする?

読売新聞3／12より。文科省調査によると、小学校で英語教育を必修とすることについて、保護者の70・7％は賛成。しかし教員の54・1％が反対という、意識調査が出ました。昨年6月、全国230校の公立小学校、4～6年生の保護者、教員からの回答。「正しい日本語を身につけることがおろそかになる」という、相変わらずの拒否組の意見もありました。そろそろ、国家100年先にむけた、バイリンガル化が必要だと思うのですが。

増える夜型乳幼児

読売新聞3／9より。本誌でおなじみの小児科医、神山潤さんも発起人である「子どもの早起きをすすめる会」からの呼びかけです。早寝早起きのコツは、①朝、日光で部屋を明るくする。②良くかんで朝ごはん。③昼間たっぷり活動。④昼寝は3時過ぎに切り上げ。⑤寝る時に絵本の読み聞かせ。⑥早起きから始めるだそうです。なるほど納得。夜9時台が41％、10時台が27％、11時以降10％。8時台15％。1歳半の子の就寝時間です。

先進国で貧困層の子が増加

毎日新聞3／2より。ユニセフ調査の結果です。日本など先進国の多くで、18歳未満の貧困層に属する子どもがふえているとのこと。日本も00年、14・3％が貧困層にあたり、'90年代に比べ2・3ポイント増加しています。ちなみに00年～01年、アメリカ21・9％、イタリア16・6％、英国15・4％。北欧の4か国は5％未満。社会保障費のGDP比は、日本16・1％で24対象調査国中21番目。日本の政治が貧困なのがわかります。

連載マンガ&エッセイ

子育てほっとサロン

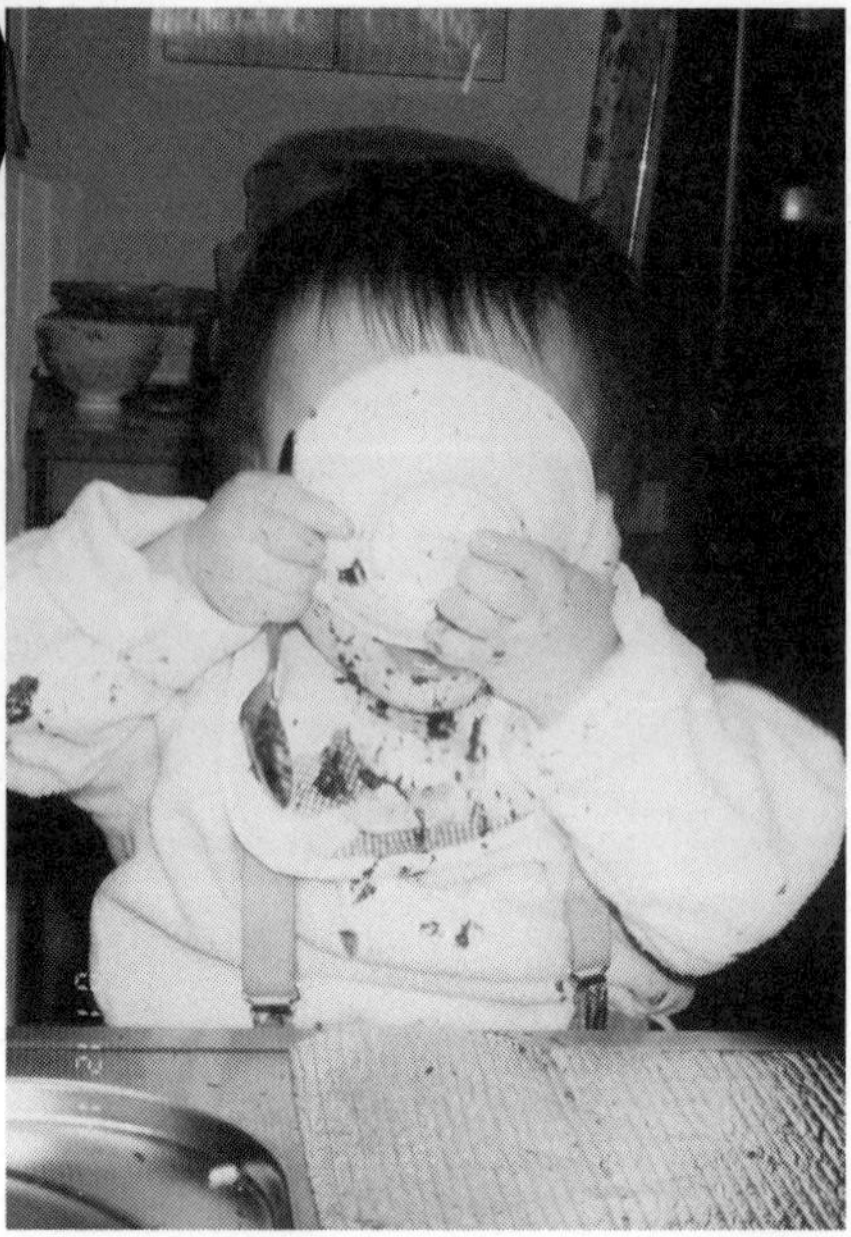

初めてのギベサ（秋田特有の海草の一種）。
「サイコー！　おかわり!!」

親って何ですか？（前編）

文・イラスト&マンガ／藤村亜紀さん

成長

この春飛龍《ひりゅう》は、保育園から幼稚園に変わった。朝から快便絶好調の彼は、園バスが来るぎりぎりまでトイレにこもるため毎朝はらはらさせられる。華凛《かりん》は小学一年生になった。人見知りなうえ、引っ越したばかりで友達もおらず心配していたが、楽しげに登校していくところを見ると第一関門突破といったところか。

ともあれ我が家のお子様たちも着々と成長し、親の手を離れ始めた。

初めて自分の子供を抱いたときのことを思い出す。「こんなに小さいものなの？」と驚いたこと、黄疸《おうだん》治療で泣き続ける子供の横で一緒になって泣いていたこと、下着の着せ方がわからず、しっちゃかめっちゃかになったこと。今思えば笑っちゃうくらいささやかなことが、その時々は大問題だった。いつもいつも失敗だらけの新米ママだった。

あのころはほんの一、二年先に生まれた近所の子供がとてつもなく大きく見えた。私以外のお母さんが皆、しっかり者の立派な親に見えた。

育児の大変さを打ち明けると、決まって

「そんなのあっという間よ。今が一番かわいい時じゃない、気楽にいきなよ」

と言われ、気楽にできない自分にますます落ち込んだ。

過ぎてみれば確かにその通り、あっという間に感じる。けれどあのころは無性に自分の時間がほしくて、「早く歩いて」「早く大きくなって」と願っていた。

そんな赤ちゃんだった二人が今こうして、私の知らない世界を作り始めた。感情豊かな母親ならば、ここで、

「ああ、子どもたちも大きくなったわ。ウフ、ここまでがんばった自分にごほうびをあげましょう。初夏に似合う洋服を買おうかしら、それともエステに行こうかしら」
と、歓喜と栄光（?）に浸るかもしれない。なのに私ときたら、華凛を送り出して飛龍を園バスにつっこんだとたん、髪ふり乱してわが家の一階で始める子育てサロンの準備に取りかかる。色気もへったくれもない。
でもこの原稿を書きながら、「私だったら自分にごほうびって何にするかな〜」、と考えてみた。子供のいないスキに回転寿司で腹一杯食べてこようかな、それとも本屋で心おきなく立ち読みしてこようかな。く〜、一般庶民の私には「ごほうび」と言われてもこんなことくらいしか思いつかないっす。涙が出るね〜。
ところで私は今まで、親として何ができただろう。親らしいことなんてしてやれたのだろうか。いや待てよ、その前に「親らしいこと」って一体全体なんなのさ？　三度のごはんを食べさせることか？　あれやこれやと面倒みてやることか？　う〜ん、どれも今イチしっくり来ない。親らしいって、あなたはなんだと思

います？

親として

考えても考えてもわからない。私の頭はウニのよう。ぐにゃ〜んぐにゃ〜んといろんなことが浮かんでは消える。そのうちふと、あるお母さんの顔を思い出した。「そうだ、あのお母さんがお手本だ！」心晴れ晴れ、ぽんと手を打った。

自閉的傾向をもつ四歳児のお母さん。その人との出会いは、私が幼稚園に勤め始めてまだ三年目の春だった。「二クラスある年中組のクラスのうち、ベテランの先生のクラスにその子は入るだろう」、誰もがそう思っていた。しかし少子化の波が押し寄せ、その年クラスが減った。余分な先生をおくほど、園には余裕がない。話し合いの末、遠距離通勤を理由にベテランの先生が身を引いた。結果、私が担任することになった。

辞める方にも残される方にも、そしてその子のご家族にも大変な葛藤《かっとう》が生じた。何しろ障害の知識などまるでない、若い保母に子供を託すことになったのだから。そのお母さんは職員の前でおっしゃった。

「不安です」

私も不安でいっぱいだった。

その子は、人と話せなかった。

その子は、人と目を合わせなかった。

その子は、自分の体に指一本触れさせなかった。

そんなことすら知らずに私は、初対面のその子に、

「おはよう」

と声をかけ、手を取ろうとした。——と、そのときその子はパニックに陥《おちい》った。床に大の字になって倒れ、息もできなくなるほどに泣き叫び、暴れるのだった。

ふつうの子供がそうなれば、抱き上げてなだめると

ころだが、何しろその子は指一本触れてほしくないのだからどうしようもない。そんなことをしたら火に油を注ぐだけである。

打つ手は一つ、覚悟を決めて見守るのみ。なれない園生活では思い通りにならないことが多く、そのたびにパニックになる。

「見守る」

口で言うのは簡単だ。けれど、泣き叫ぶ子供をただただ黙って待つというのは、かなりの忍耐を要することだった。

クラスには、他にも二十人の子供が待っている。母親から離れて寂しいのはどの子も一緒。常にその子の行動を目で追いながら、子供たちの給食を世話し、排泄の手助けをする。

私は精神的にも、体力的にも追い込まれていった。

決心

そんな折クラスで初めての懇談会があり、ご父兄から自己紹介をしていただいた。

その子のお母さんの番が来た。どんな想いでその場にいたのだろう、その方が思い詰めた表情で話し始めると、クラスは水を打ったようにしーんと静まりかえった。

「あの子は、皆さんのお子さんのように友達と遊ぶことができません。

あの子は、皆さんのお子さんのように人としゃべることもできません。

でもあの子は、ばかではないんです。

どうか皆さん、わかってください」

心を決めて、思いの丈をぶつけたのだろう。それだけ言って泣き崩れてしまった。どんなにか苦しかったことだろう。

懇談会が終わった後、

「先ほどはつらい思いをさせてしまい、申し訳ありませんでした」

と声をかけた。

するとお母さんは私の肩に顔を埋《うず》め、泣きじゃくりながら言った。

「あの子は私を、母親だと思っているのでしょうか？　私は一度でいいから、あの子から〝お母さん〟と呼ばれてみたいんです」

その時初めてお母さんのつらさが、お母さんのやりきれない気持ちが、肩を伝わって届いた気がした。

私はそれまで思っていたのだ。

なんで園長は、こんな子どもを受け入れたのだろう。なんで私一人が、こんな大変なことをしなくちゃいけないんだろう、と。

けれどそれは思い上がりだった。

このお母さんは私には想像もつかないほど、つらく大変な想いをしてあの子を育ててきたのだ。私の苦労なんて、このお母さんの足元にも及ばない。私だけが大変なんだと思いこんでいた自分が、恥ずかしくてたまらなかった。

この続きはまた今度。それまで皆さんお元気で。

ふじむらあき
１９６８年　秋田県生まれ。９１年に幼稚園教諭となり７年間勤務。シュナイターの思想や教育を学ぶ「シュナイターの楽光《がっこう》」を自ら呼びかけ結成。自宅で「陽だまりサロン」を開いている。２児の子育て中。著書に「心で感じる幸せな子育て」（ほんの木）がある。秋田市在住。

ほとサリ小劇場

「複雑な親心」の巻

赤ちゃんの頃には「早く大きくなって」と願っていたのに、だんだん大きくなってくると「子どものままでいてほしい」と思う。

これってわがまま? わがままでもいいや、もう少しの間君たちのもちもち ぷにぷにの太ももを触っていたいのだ。

おっとお知らせ。「出会いと生きがい作りの場 陽だまりサロン」やーっとオープンしました! 秋田におこしの際は、どうぞどうぞ遊びにいらして下さいませ

子育てママの元気講座

心はいつも晴れマーク

第五回 みんな悩んで大きくなった！

文・イラスト　はせくらみゆき　さん

北海道生まれ。25歳で結婚、夫の転勤に伴い大阪、福岡、横浜に暮らし、現在は沖縄在住。長男出産後、育児サークル「ポニーランド」を結成し、育児支援のモデルケースとなる。その後、食と生命を考える「ほしのこくらぶ」を発足。現在は各種NGOグループに所属して活動を続けながら、創作童話やリラクゼーションアートなども行っている。アロマテラピーのインストラクター。「今日も元気」がモットーの3人の男の子のママ。著書に『試して選んだ自然流子育て』（ほんの木）他がある。

子育て中のママが、元気に、生き生きと家庭や仕事、自分自身と向かい合っていけることを願って書き始めたこの連載も、はや5回目となりました。私が現在住んでいる沖縄では、初夏の爽《さわ》やかな天気が続く「うりずん」の季節を迎えています。心地よい風に吹かれていると、悩みがあってもなくても、まるごとオッケーさぁ〜と、幸せな気持ちがむくむくと湧《わ》きあがってきます。

とはいえ、ずーっとその気持ちのままで過ごすことが出来ないのもニンゲンって生き物かしらねぇ。へこんだり、怒ったり、イライラしてしまったりと、しっかり毎日、人生を謳歌《おうか》しています。今回は、そんな壁にぶちあたってしまった時の、考え方のヒントをお話したいと思います。

すべては上手くいっている

腑《ふ》に落ちないことがあったとき、困難にあった時、私はよくつぶやく言葉があります。それは「すべては上手くいっている！」という言葉。

もちろん本心からすぐには、そう思えません。えー、そんなのいやだ！とか、ウソでしょう。とか、やめてくれぇ〜、等々の言葉が頭の中で、ぐるぐるこだましています。それでも、ぐいっと下腹に力を入れて、（表面の私はじたばたと騒いでいるけれど、深い自分にとっては、さらなる自己成長のために、必要必然でベストなことが起こっているに違いない！と信じて）「すべては上手くいっているから大丈夫。心配ないよ」と自分にエールを送るのです。

まるで念仏のように？この言葉を繰り返していると、少しずつ冷静な自分を取り戻し、物事の全体像を把握しようという気持ちのゆとりが生まれます。そして、「どうして、こんなことになっちゃったんだろう？」とか「なんて自分は、バカなんだろう」といった自己卑下や安っぽい憐れみにひたって、落ち込むことがへってくるから不思議です。

そのうちに、さあ、今起こっている問題をどう、調理しよう？と思えたらしめたもの。悩みは、かっこうの人間的成長のチャンスとなり、次のステップへとつながるのです。

皆さんも、それぞれの自分の軌跡を

辿《たど》った時、一見大変に思えたことでも、終わって振り返ってみたときに、それがあったから今の自分がある、と思えるようなことが、ままありませんか？

私自身、子どもが小さく生まれて病弱だったこと、度重なる転勤、病気、子どもの悩みや人間関係の悩み……その度にドキドキ、ハラハラの日々でしたが、やはり今の自分を形づくるには必要な出来事だったんじゃないかなと思っています。もしかしたら、人は生まれてくる前に、その人の人生にとって必要なことを必要な分だけ、セットしてこの世に降り立つのかもしれません。だとしたら、越えられない課題は用意していないはず！　必ずクリアーできることしかやってこないよ、と信じて、ものごとに向かっていこうと奮《ふる》い立たせるのです。

さて、前述の言葉、「すべては上手くいっている」は、親しい友人でもある精神科医の越智啓子先生から教えていただいたものです。笑い療法を取り入れている彼女は、カニのはさみをまねたピースマークを指で作りながら、横向きにいったりきたりする、通称「カニ踊り」という振りをつけて、この言葉を何度も口ずさんでみることを勧めています。

今までこれで、精神的に大変な思いをしていた多くの患者さんたちが、明るさとヤル気を取り戻せたそうですよ。

あなたもいろいろな場面で、この言《こと》霊《だま》パワーを利用してみて下さいネ。きっと元気がわいてきますよ。

人生は遊園地

人生は遊園地です、なんていうと、「そんな甘いものじゃないでしょ！」と即、お叱りの声が飛んできそうですが、それでも私は、やっぱり遊園地がいいー！　と思ってしまいます。言葉の持つイメージって大事だなあと思うのですが、人生は修行だ、と考えている人にとっては、気がつくと眉間《みけん》に皺《しわ》を寄せて、修行中のような形相になっていると思うし、人生はお金よ！　と思ってしまうと、いつもお金のことが頭から離れないで、お金というエネルギーの奴隷になってしまいます。出来れば、毎日を感謝しながら、楽しく過ごしたいですものね。せっかくだったら人生を遊園地、と考えて、今起こっていることを一つひとつの乗り物に乗っているかのように、味わい愉《たの》しんでみませんか。

遊園地にはさまざまな乗り物がありますよね。ジェットコースターもあれば、メリーゴーランドもあります。そして、ちょっぴりこわいお化け屋敷だってあるかも！　人生の中で起こっている出来事を、この遊園地にある遊具に例えてみてはいかがでしょう。そして、「ああ、今、こんな出来事のなかで、こういう感情を味わっているんだな」

と思ってみて下さい。味わい尽くした

ら終了です。ふと振り返るとその遊具の看板には、それぞれに名前が付いています。たとえば、「自分のエゴをはずすジェットコースターコース・ステップ2」とか、「喜びの種を見つけるメリーゴーランド・ステップ3」という具合です。看板のテーマが分かって、なるほど！　と頷《うなず》けたら、にこにこ笑って、次の遊具に移りましょう。

今度は
どれにしようかな
エゴはずしの
ジェットコースター
毎回、さまざまなテーマの遊具にのっているよ
ぐるぐる
心みつけの
コーヒーカップ

それからもう一つ、大人も子どもも大好きなディズニーランドでの、スタッフを呼ぶ言い方もお気に入り。そこでは掃除をする人、物を売る人など、たくさんの人が働いていますが、皆、キャスト（配役）と呼ばれているそうです。

それぞれの持ち場で、生き生きと働く、キャストという生き方。素敵ですね。私も、お母さんというキャスト、仕事や地域、社会の中で、今与えられている役割を、愉《たの》しそうにこなすキャストとして、責任と誇りを持って続けることが出来るようにと願っています。

人生の遊園地で、さまざまなキャストを演じて、味わい生きる。なんだか愉しそうでしょ。

「今」にフォーカス

それでも、どうもがいても落ち込んでしまって、立ち上がれない時もあります。そんな時は、じたばたせずに（真剣にはなっても、深刻になりすぎずに）、時というクスリに、しばし身をゆだねてみましょう。とはいっても、上手くいかないわ……という時のとっておきの方法は、「今」という瞬間に意識をフォーカスしてみることです。

今、あなたは何をしていますか？　この本を読んでいる？（あ、そうだった)、何か音は聞こえますか？　香るものはありますか？　まわりにはどんな光景がひろがっていますか？

そう、今ある五感をすべて駆使して、今という瞬間に気持ちを添わせてみるのです。少なくとも、この瞬間においてあなたは安全安心の中で、自由に思考することが出来ていますね。過去にも、未来にも、縛《しば》られていない状態です。

私たちはどうしても意識がいろんなところに飛びがちです、過去をくよくよ悩んだり、未来を思い憂《うれ》いたりと、「心ココにあらず」になってしまうと、気持ちがぐらぐらと不安定になってしまうようです。もちろん悩みあってしかりですが、だからといって今、この瞬間までもが、そのことに囚《とら》われて、がんじがらめになってしまってはもったいないですよね。

気持ちが「今」にあると、腹が据わるというのでしょうか。ドンと落ち着いてきます。その上で、じっくり思い、

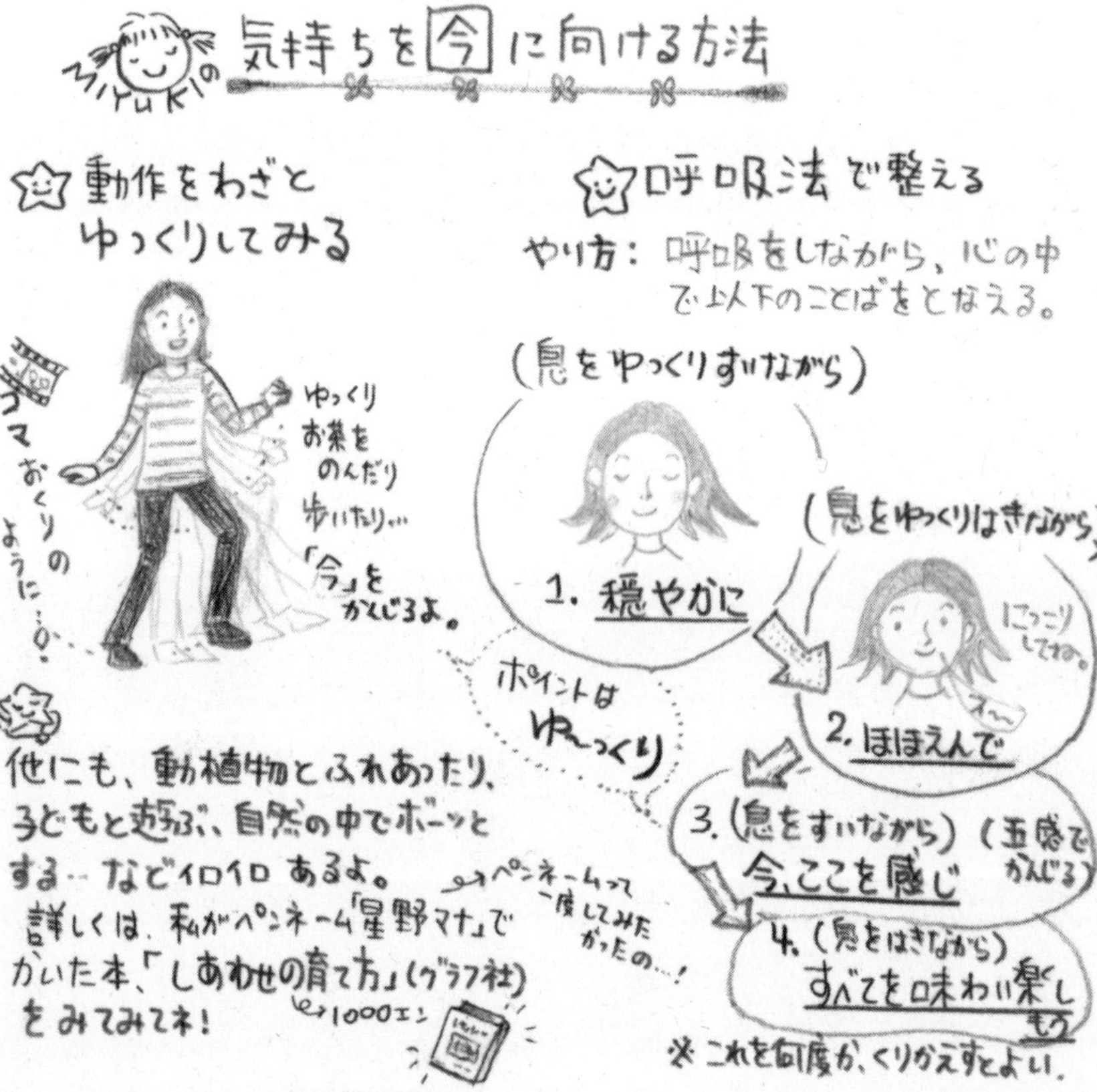
MIYUKIの
気持ちを今に向ける方法
動作をわざとゆっくりしてみる
コマおくりのように…♪
ゆっくりお茶をのんだり歩いたり…
「今」をかんじるよ。
他にも、動植物とふれあったり、子どもと遊ぶ、自然の中でボーッとする…などイロイロあるよ。
詳しくは、私がペンネーム「星野マナ」でかいた本、「しあわせの育て方」(グラフ社)をみてみてネ!
ペンネームって一度してみたかったの…!
1000エン
呼吸法で整える
やり方：呼吸をしながら、心の中で以下のことばをとなえる。
(息をゆっくりすいながら)
1. 穏やかに
(息をゆっくりはきながら)
にっこりしてね。
2. ほほえんで
3. (息をすいながら) 今、ここを感じ
(五感でかんじる)
4. (息をはきながら) すべてを味わい楽しもう
※これを何度か、くりかえすとよい。
ポイントはゆ～っくり

感じ、考えていくと、新たな扉が開けてくるようです。

2年前のことですが、横浜から沖縄に引っ越す時に、実は私、過労で倒れて入院してしまったんですね。病名はなんと、脳梗塞《のうこうそく》でした。幸い、後遺症は残っていないのですが、それでも入院時はしばらく、左半身が不自由で、不安な思いを体験しました。

その時にしみじみ思ったのが「今」という瞬間のありがたさ。あの時こうすればよかった、という後悔と、これからどうなってしまうのだろう、という恐怖をしっかり味わった後で、ハッと気づかされたのが、「今」という時間だったのです。

私は「今」思っている。私は「今」感じている。私は「今」生きている……この、「今」という安心領域に意識を向けてみることで、過去の後悔や未来の不安から、ずいぶんと助けられました。そして、今、この瞬間に五感を集中させて、自分自身を味わうことで、一日一日がとっても輝くことに気がつかされたのです。時間がない！といつも口癖《くちぐせ》のようにいっていた私ですが、もしかしたらそれも、私自身の心が勝手に作り出していた幻影だったかもしれないとさえ思いました。

そしていつしか、ぱさぱさした日常のなかで、忘れかけていた感動や感謝の気持ちが、むくむくと心の中を占領し始めた時、不思議と重かった左半身が、しだいに軽くなってきたんですね。

もう、ビックリです。その後、しばらく、しびれ感は残ったものの、沖縄に着いて、のんびりゆったり、今を味わう生活を楽しんでいたら、すっかり消えてしまいました。やっぱり、すべてはうまくいっている！

この時の体験を通して、人生は本当に、その人にとって、必要なことが必要なだけ起こっているんだろうな、と思いました。いいでも、悪いでもなく、もちろん、勝ち組でも負け組でもなく、その人にとっての必要必然ベストなことが、ベストタイミングで起こる絶好のレッスン。ギフトは、精神的進化といったもの、なんじゃないかな。自分自身を冷静に省みた時、まだまだレッスンがありそうで、思わず、ふぅーっとため息が出そうですが、これからも、「今」を味わい、愉しみながら、人生という舞台にセットされている遊園地をめぐっていきたいです。

みーんな悩んで大きくなっている！

悩んでも、へこんでも、オッケーだよ～。

マニュアルを超えたシュタイナー教育

仲正雄さん（シュタイナー治療教育家）

渡独して28年。ドイツを中心にシュタイナーの治療教育を実践してきた仲さんの、障害を持った子どもたちとの話を聞いていると、たくさんの情報に振り回され気味な日本の育児や子育て、荒れる学校教育に失われているものがなんなのかが見えてきませんか？

障害児が持っている力

——仲さんは1977年にシュタイナーの治療教育を学びにドイツにわたり、以来、ドイツを中心に治療教育家として活動をなさってきました。今日は治療教育についていろいろ教えていただきたいのですが、まず、26歳の時に最初にドイツの障害者施設（障害者とともに暮らす共同体）に行かれた時の感想を聞かせてください。

最初に僕の心を打ったのは、治療教育に打ちこんでいる人たちの純粋さです。それと、障害者施設という形で生活しているなかで、子どもたちがある意味開放されているのを見たことですね。実際に中に入ってみると、施設に入れたということで訪ねて来ない親がいたり、いろいろ難しい問題もあって一概には言えませんが、障害をもった子どもたちと一緒に生活している人たちに魅力を感じたことは確かです。

ハンディを持っているとか、障害度が何度だということではなく、子どもたちを理解するというか、子どもの中で起こっていることそのものの見方に、多様性があることにも驚きました。

ドイツではあちこちの障害者施設で過ごしたのですが、そこで僕を支えてくれたのは、ひとつは共同生活の中で、子どもたちがいい形で育っていく、見えにくいけれども確実に育っていく部分があるという事実です。

それから、障害児たちが持っている力。たとえば、僕たちのところに実習生が来るんです。ドイツには兵役があるから、兵役を拒否して、その代わりに福祉施設関係で働くわけです。彼らは兵隊になりたくない普通の若者です。その彼らが1年半、子どもたちを風呂に入れたり、散歩に一緒に行ったりしているなかで、確実に変わっていくのです。子どもたちは寝たきりだけれど、そばに来る人間を確実に変えていく。最初はちょっとショックに受けました。

もう一つは、ハンディのある子どもたちをもった親御さんたちの明るさ。

この3つが僕を治療教育の中にひっぱってくれたというか、自分をその場にいさせてくれた力です。力というよりも、自分がそれで確実にいいものをもらって、自分なりに成長しているという実感がありました。ものの見方も変わってくるし、いいものを見たなと思ったし、それは幸せな時間でした。

なかまさお
ドイツ在住。1951年、東京都池袋生まれ。77年、ドイツに渡り、ドイツ・ビッゲンハイムおよびスイス・ドルナッハでシュタイナーの人間学による治療教育を修める。その後、ドイツ各地の治療教育施設で、治療教育家として教師や理事、治療教育家養成の講師を務める。毎年春と秋に来日し、全国60ヶ所以上で講演会や実習、コンサートを行なっている。

――ドイツの実習生の若者は1年半でどう変わっていくのですか。

なかにはもちろん変わらないで出ていく子もいます。兵役拒否の場合は「ここにいなさい」と押しつけられて来るわけですが、兵役がない女の子の中には、大学にはまだ行きたくないし違うことをしてみたいと思って来る子がいるんです。そういう子に限ってへんな理想があって、子どもたちのために何かしてあげるんだと頑張ってしまう。

でも仕事に入って子どもと何かをやりはじめても、結果はすぐ出ませんよね。食事の時にお皿をひっくり返したりすることもありますから、食事なんてもんじゃない。そんな生活をしていると、頑張る子ほど1週間もすると荒れてくる。「夜寝られない」というのがしょっちゅう起こる。やめていっちゃう子も1割2割じゃない。

その一方で、変わっていく人たちもいる。初めて来た若者は、最初は何をやっていいかわからないから、不自然です。なぜこんなふうに生まれてきた人間の世話をしなきゃいけないんだろう、みたいなことをどこかで感じているんだろうと思う。その時は動きが硬い。子どももその若い人たちといても幸せそうじゃないし、散歩へ行くときも緊張しています。

　ところがある時期、いつとはなかなか言えないですが、ぎくしゃくしていた若者が自然に靴を履《は》かせてやったりしている。ドイツの冬は寒いですから車椅子に座っていると下から冷えてきますから。そんなことをやっている姿がだんだん自然になってくる。子どものほうも、その人をもう特殊な人として見ないし、自分に必要な人として受け入れている。そうすると2人の間で不思議な対話が生じている。別れるときは涙、涙になります。

　ヨーゼフ・ボイスという哲学芸術家の本を読んでいたら、こんな一節がありました。いわゆる世の中の第一線で働いている人たちがいる。しょっちゅう新聞に出てきたり、いろいろな形で社会に貢献しているといわれている人たち、あるいは政治家。そういう人たちの対極に寝たきりでこの世のためにはなんの役にも立たない、そういう形で人生を送っている人間がいる。どっちが本当に「生きる」ということ——ボイスは宇宙といっていたと思うんですけど、宇宙のためになっているのかを問い直したら、そう簡単にどっちとは言えない、と。

　そうだよなと本当に思います。寝たきりの子が確実に1年半にひとりの人間を変えていくんです。もちろん変わったからといって、すぐに結果として何かが見えてくるかということではないんですけれどね……。

子どもの「波長」に合わせることから

——仲さん自身も治療教育の現場にい

ることで何か変わりましたか。

20代の中頃、知り合いの那須の牧場に半年ばかり行ったことがあるのですが、そこに、障害をもった子どもや大人が働いていて、その子たちからすごく好かれちゃって、楽しい生活をしたことがありました。

その時も最初は緊張しました。彼らとどう接したらいいのかわからなかったし、彼らは自分でできないことがいっぱいあるわけですから。でも長くいると、そういうのが自然になっていく。自然になっていくなかで、彼らが牧場主から「今月も休みなく働いたな」なんて言われて喜んでいるのを見ると僕もうれしかったし、「仲さんが来てからですよ」とか言われると、そうかーと思ったりしていました。

彼らの目を見ていると、とてつもなく透明で純粋なんです。あれはなにかを僕に語りかけていましたね。

ドイツへ行った最初のころ、言葉ができないから、仕事としては言葉のない子どもたちに向けられることが多いんです。言葉のない子のお世話というのは難しいんです。ところが夏休みごとに迎えにくるお母さんからよく、僕と一緒にいると落ち着いているといわれました。そんなこともずいぶん僕を支えてくれました。

だから、僕が変わったというより、僕と一緒にいて子どもが変わったとか、今年1年幸せに生きていたなんて言われたことで、自分にとってもいい1年だったな、なんて思ったりします。彼らが僕を好きになったくれたとか、この人たちと合うんだなとは思いますね。

――彼らといるのが好きなのですね。

そうですね。彼らは本当に純粋です。たとえば、絵を一緒に描いていると、彼らでなければ描けないようないい絵を描くんです。抽象画やモダンアートを狙っているわけじゃないけれど、そういうものを目標にしている絵描きたちが描きたいのはこういう絵じゃないか、と思うような絵です。それと同時に、こういう絵を描く人はこういう病気を持っているはずだ、と考えられることもあります。それも含めて、彼らと一緒にいることが僕には合っているのだろうと思います。

ただし、僕は、子どもたちを治療していると考えたことは一度もありません。だから今でも治療という言葉はあまり好きではないし、これまで100回くらい行った講演でも、一度もセラピーという形での講演会やワークショップはやったことはないんです。

いちばんの治療は、僕自身が子どもたちとうまく出会えたこと。そこで何かが成立しているということなのです。セラピーをして効《き》いたというよりも、その子が僕を好きになってくれて、僕もその子と一緒にいて、その子が成長していってくれている、それを見ているのが楽しいということなのです。

治療というものがあるとしたら一対一の、ある意味でシビアな出会いの中で行われているのかなと思います。とくに障害をもった子どもたちにはそれが大きいような気がしているので、僕は「セラピー」や「カウンセリング」

ではなく、いつも「出会い」といっています。

——「うまく出会う」ために心がけていることはありますか。

誰でもいいから受け入れることじゃないでしょうか。とりあえずあまり考えないで。

——「受け入れる」という言葉はあちこちでいわれます。子どもを受け入れるとか。でも、本人は受け入れているつもりでも、外から見ていると、それは受け入れることになっていない、ということはありませんか。

ありますね。「自分では受け入れているんですけど、子どもがついて来てくれません」と泣きながらいう実習生もいます。

問題を抱えている子と一緒になればいいんです、その子を好きになって。

——好きになる?

僕は子どもと遊んでいて、子どもが飽きちゃったりすると、ゴロッと寝ころんじゃったりするんです。先生はふつう「はい、立ちなさい」「しっかり、まだ時間があるのよ」と一生懸命ですが、僕は一緒に横になってしまう。すると子どもが「お前だって寝てるだろ」とかいうから、「ずっと寝てるわけじゃないよ。ほんとは起きてやろうと思ってるんだ。お前もやらないか」と話したりする。

そういうふうにして、相手の出しているバイブレーションというか波長に、まずは自分を合わせる。そうしないと相手は安心してくれない。そうことがどこまでできるかじゃないかな。

——寝ころぶことが子どもとつきあうためのハウツーのようですが、仲さん「その子に立ち上がらせて、あれをやらせよう」という作戦でやっているわけではないのでしょう?

半分は作戦です。彼が心を開いてくれるひとつのメソッドとしてやっているけれど、いつも成功するかといえばそうでもない。ときには怖い顔をしていった方がいい場合もあります。かと思うと彼らがもっているハンディを茶化すこともあります。心が通じ合っていれば、彼らはそれを許してくれるんですよ。

——やはり、波長が合っているからでしょうね。

そうかもしれません。

子どもを巻き込む声 はねつける声

——今のお母さんたちや教師たちは機会があるごとに「子どもを受け入れなさい」といわれます。「子どもを受け入れる」ことはそれほど簡単ではないのか、あるいは本当は簡単なのに何かが邪魔してできないのか、どちらだと思いますか?

きっと両方ですね。今の知的な時代には落とし穴があって、こうすればこういうふうによくなるというマニュアル的な情報がいろいろ形で整理されています。そうした情報を自分を整理するために使うのはいいけれど、その情報の方に自分に当てはめてマニュアル化して、それ以外のことができなくなっているのではないでしょうか。

ドイツで、僕に似たタイプの人に会ったことがあります。ぼんやり、のんびり、子どもを茶化しながら教育していました。でもその人はメソッドもないし、ピシッとしていないから、上の人からあんまりよくいわれません。でも僕は、その人といるときの子どもの表情がいちばんのんびりとしていると思っていました。障害を持っている彼らは、器質的に緊張を持ちやすい人たちです。だから、とにかく緊張をほぐしてやることが大事なのです。一緒に遊べるか、じゃれあえるか、です。

いつだったか日本でこのことを話したら偉い先生に叱られました。「治療教育みたいな立派な仕事で、茶化してはいけません」と。

茶化しているわけではありませんが、茶化さなければ入れない世界もあるということです。ハンディを持っている彼らは人を見る目が敏感で、相手が悪意をもって茶化しているとぴりっと緊張してしまいますから。

――緊張させないためにいろいろな工夫をしているわけですね。

僕が子どもたちに接しながら気がついたのは、声の問題です。僕たちが子どもたちに何かを押しつけるような声でしゃべったら、子どもたちはとても緊張します。

実践をしているとわかるのですが、子どもを巻き込むような声もあれば、子どもをはねつけてしまうような声もあります。声は治療教育の中では決定的な要因です。

「はいっ、こうしなさいっ!!」なんて声を出すと、それだけでもうピーンと緊張してしまい、それから後は子どもたちの中に何も入っていきません。反対に、ぼんやりしているわけではありませんが、子どもたちの中にふっと入っていく声もあります。

だから、若い人たちに「もっと巻き込むような声でしゃべらなきゃだめだ」とよくいっています。でも、巻き込む声がどういう声なのかは説明しにくいですね。

――説明できなくても、仲さんにはわかるわけですね？

そうですね。だから研修生に「今みたいにしゃべっていると、子どもは絶対に君に心をひらいてくれないよ」というわけです。僕にとって声、話し方は、人間関係をつくるなかで、とくに障害をもった子どもたちとの人間関係をつくるときには絶対に考えなければならない条件です。

――誰かとよい人間関係をつくりたいではなく、「指導しよう」「教えよう」「治療しよう」と思っている人は、巻き込むような声にはならない気がしますが。

それはあります。あるお医者さんはけっこうきついしゃべり方をするから、子どもたちはその先生のところへ行くだけで緊張していました。

人の声は、その人の存在と深いところで結びついていますから、ある意味で変えられないものです。けれども、たとえば手術の時のメスのように、社会生活の中では声がひとつの道具であるということは事実です。だから声はメソッドのベースになっていると思いますし、メソッドがうまく機能するためには、人間関係が信頼関係になっていかないとだめだということも、ずいぶん体験しました。

――具体的にはどういう体験ですか？

子どもが僕に心をひらいてくれていないときは、「今日は（僕のところに）行きたくない」とかいっています。その時に何をやってもうまくいきません。そのうちだんだんと「今日はあの人のところへ行くの？」と楽しみになってくれるようになったら、実はもう何をやってもその子のためになるんです。それを知っているから、メソッドにしがみついている人たちが「このメソッドは……」と議論しているのを見ていると、違和感を感じますね。

――さきほどの、マニュアルを自分を整理するために使うのはいいけれど、それに囚《とら》われてしまうと逆効果だということと通じますね。

マニュアルやメソッドに囚われてしまうと、そこでいっている言葉だけにこだわってしまい、それが出てきた背景や、本当に意味することがわからなくなってしまうことがあります。

それから、あるメソッドがある人を通して成功すると、誰もかもがそのメソッドをしたがる。ところがそのメソッドで傷ついた人たちが出てくると、あっという間に消えていく。そしてまた新しいメソッドが出てきて、ぱっと流行る。でまた……というようなことがずいぶんあります。

僕はメソッドというと、何か商品のような感じがします。商品としてのメソッドはすごく便利だけれども、ほんとうはメソッドの裏に商品化できない部分がある。

あるメソッドによって、たとえば障害をもった子どもと接する「道具」をもらえることは実際にあります。メソッドを使いながら、子どもがよくなっていったり、障害を持った子どもたちとの橋渡しをしてくれることもあります。メソッドは確かにひとつの「道具」ではあるんです。

でも、メソッドをあんまり強調しすぎるとよくないと思いますね。

本当にいろいろなことを自分で深める人は、メソッドの限界を知って、メソッドから抜け出していきます。そういう人に限ってメソッドのことはいわないものです。

――メソッドやマニュアルは本来、何かに到達するための手段かプロセス、きっかけですものね。

そうです。どんなこともメソッドやマニュアルだけで終わるものじゃない。あるメソッドを習い、もしメソッドだけのことで事が終了しているのなら、その人はメソッドの奴隷です。教育でも同じでしょう。

メソッドの向こう側

――メソッドの奴隷にならず、メソッドの先に行くにはどうすればいいのでしょうか？

たとえば教育学を勉強して、教育実習をして、先生になる。当然、最初は自分が勉強してきたメソッドを武器にします。陶器を作る人がお師匠さんに習って、最初はお師匠さんのやったとおりにやるのと同じです。しかし、それを超える力が身についたかどうかというのは、相手から何かを教えてもらえるかどうかだと思います。

学校の教師が「自分が教えてやるんだ」と思い、「このためにはこういうメソッドがあって」ということをやっていく。自分のメソッドで絶対わかるはずなのに、生徒はわからないという。その時に、この生徒はどうしてわからないのだろうか、何がわからないのかと聞く耳をもって、生徒のほうに入っていくと、メソッドの先に行けるようになるということがあるのではないでしょうか。

ドイツのシュタイナー学校でも、小学5、6年生あたりになるとクラスが崩壊している先生がいます。そういう先生は自分がもっているシュタイナー教育の方法論で生徒を教える存在として押さえようとするわけです。4年生くらいまではそれでも平気ですが、5年生くらいになってくると子どもも力をつけてきます。

そこでうまくいく先生は生徒のいうことをかならず聞いています。生徒たちも「あの先生は自分たちのいうことを聞いてくれる」といって、自分たちの言い分もわかってくれていると感じています。

ただし、子どもたちは自分の言い分だけを通せばそれでいいのではなく、実は、自分たちの言い分を通したことで自分たちが成長しているときに、その先生を評価しているのです。子どもたちは、先生にまかせたから自分たちはこのままでいい、ということでは満足しません。自分たちがその先生に新たな力で引っぱられているということがあって、最も充実するし、その先生はいい先生だというのです。

しかし、子どもたちにはそこが見えませんから、「あの先生は僕たちのいうことをちゃんと聞いてくれる」という言葉で表現しているわけです。

先生の立場からすれば、子どもたちの中に本当に入っていって、子どもからメソッド以上のことを教えてもらっているかどうかが問われているわけです。

シュタイナーの治療教育でも同じようなことがあって、「これはこれこれに効く」と子どもたちに押しつけてもだめで、やはり子どもたちがどう反応しているかを読める力があるかどうか。メソッドの向こうにいる子どもたちに、自分のメソッドを通して出会えるかということじゃないでしょうか。それはどんなことでも同じだと思います。

リレーエッセイ
子どもたちの幸せな未来

暴走する快速電車から降りて……

ゆっくりじっくりスローな学び

吉田敦彦さん（大阪府立女子大学助教授／日本ホリスティック教育協会代表）

よしだ　あつひこ
1960年大阪生まれ。現在、大阪府立大学・大阪女子大学助教授。NPO法人京田辺シュタイナー学校代表理事（http://school.kyotanabe-steiner.jp/）。日本ホリスティック教育協会代表（http://www.holistic-edu.org/）。
主著に『ホリスティック教育論』（日本評論社）、『日本のシュタイナー教育』（共編、せせらぎ出版）、『喜びはいじめを超える』（共編、春秋社）、『子どものコスモロジー』（共著、人文書院）、『ピースフルな子どもたち：戦争・暴力・いじめを超えて』（共著、せせらぎ出版）ほか。

暴走する快速電車と快速社会

競争に負けないために、スピード最優先。1分1秒に追われて一目散に加速を続け、気がつけば曲がるべきカーブを曲がりきれずに脱線転覆。信じがたいほどの犠牲を生み出した。

いま暴走しはじめている快速電車に乗っているのは、じつは自分自身かもしれない。私たちみんなかもしれない。この社会の全体が、ひとつの大きな快速電車。生命よりも効率とスピードを優先する。そして、その快速電車に乗り遅れないように、「早く、早く」と子どものお尻をたたく教育……。

運転士個人の資質、JRという会社の利益優先体質、安全装置の技術的な問題など、さまざまな責任が追求されている。では、定刻どおりに電車が来なければイライラして苦情を言いたくなる自分自身の問題はどうか。数分の遅れだけで罰せられるような社会をつくっているのは、私たちのライフスタイルその

季節のテーブル

もの。時間に追われて猛スピードで突っ走っているこの現代社会そのもののあり方が、どこか異常なのではないか。この社会がこのまま加速を続けていくと、環境破壊にせよ人間性の破壊にせよ、大きな破局が予想されている。それなのに、まだ大丈夫だとタカを括《くく》ってスピードをゆるめない。気がつけば、時はすでに遅し、曲がるべきカーブを曲がりきれずに転覆してしまう。

スローダウンへの勇気を

もうブレーキをかけないと。今度の事故は、たくさんの犠牲をともなう強烈なメタファー（隠喩）で、私たち自身のライフスタイルと社会システムに警鐘を鳴らした。今度こそ、社会が全体としてスローダウンすべきことを教えている。合言葉を、「早く、早く」から、「ゆっくり、ゆっくり」に切り替えて、社会全体のスピードを、よりスローな方へ舵取りしていくチャンスにしたい。そうでなければ、それこそ子どもたちに幸せな未来を残すことができなくなる。でも、このスピード社会に組み込まれた大人にとって、自分がまずスローダウンしていくのは、なかなか勇気がいることではないか。

では、社会のスピードを全体として落としていくのは、いかにして可能か。

その一つの拠点が、「子ども」という存在ではないか。自世代の幸せだけでなく、自分

京田辺シュタイナー学校の校舎。

たちの生き様が子どもたちの未来に何を残そうとしているのかを考えること。それだけでなく、今、目の前の子どもたちにとって何が幸せであるか、を問うこと。子どもの生きる時間へのリアルなセンスを大人が取り戻すこと。子どもとともにいる時間を大事にすること。それ自体が、「早く早く」と追い立てられる社会を、スローダウンしていく転換軸となりはしないか。そしてそれは、なにかしら悲壮なものではなく、楽しいものだ。やってみると大人自身も癒されていき、そして社会もきっと癒されていく。

ゆっくりじっくり歩むシュタイナー教育

子どもとともにゆっくり歩もうと思ったとき、その一つの試みがシュタイナー教育だろう。日本でも、シュタイナー学校づくりがすすんできた。偶然だけども、かの快速電車が、事故がなければ到着するはずだった「同志社前」という駅は、創設5年目になる「京田辺シュタイナー学校」の最寄り駅でもある。この学校に通う3人の子どもとともに、家族ぐるみで筆者も運営に参加している。

まさに、ゆっくりじっくり、結果を急がず、プロセスを味わい尽くしながら、学んでいる。ゆっくり、というのは、単にスピードが遅い、ということではない。「大人の都合の時間」

に子どもを合わせていくのではなく、「子どもの時間」に大人が合わせていくこと。それは、子どもの言いなりになっていくことでもない。子どもの生きている時間についての、卓越した洞察に支えられている。

子どもの成長のプロセスには、その時々の「旬《しゅん》」がある。なんでも早ければ早いほどいい、というものではない。子どもの発達のそれぞれの時期に、それに見合った「旬」の題材を見抜いて、字を一つ学ぶのにも、九九を一つの学ぶのにも、待ち遠しくてしかたないぐらいゆっくりと、一つひとつ丁寧《ていねい》に時間をかけて学んでいく。繰り返し繰り返し、身体にしみこんで身につくまで、じっくりと熟成させる。

子どもには子どものリズムとテンポがある。45分で細切れにチャイムのなる時間割に子どもを合わせるのではなく、子どもの呼吸するようなリズムに合わせて、ときにゆったりと、ときに集中して、授業のリズムを作り上げていく。年間の季節のリズムに合った行事も大切にする。光と影のあいだに様々な色合いが移り行く季節のなかで、大人よりも自然に近い子どもは、身体いっぱいにその季節の色彩を浴びて生きている。

「ゆとりの教育」と「ゆっくりじっくり」

この「ゆっくりじっくり」な教育は、競争と効率に急き立てられて加速する社会に子どもを適応させることは、目的としていない。教育を、子どもたちのなかに流れる時間に適応させつつ、それが結局、子どもにとっても大人にとっても幸せな未来社会をつくりだしていくことを願う教育。この「快速」社会が異常なスピードで走っているとすれば、それにいち早く気づき、自分の意志とペースで、まわりの人たちともう一つの未来をつくっていけるような、そんな子どもたちが育っていきますように、と。

そこが、「学力低下」の一言で揺らいでしまう「ゆとりの教育」と、違うところだ。せっかく公教育にも導入されてきた「ゆとりの教育」は、この「ゆっくりじっくりの教育」への方向転換の、大きなチャンスだったかもしれない。それが「学力テスト」の結果に振り回されてしまうのは、相変わらず、子どもを今の社会に適応させることを第一目的にする発想から抜け出せていないからだろう。快速社会がこのまま「ゆとり」なく突っ走ると、未来にどんな悲劇が待ち受けているかの確たる認識に基づいて、「ゆとり」を言い始めたのではないからだ。グローバル市場での経済競争に勝ち抜く人材育成を最優先する発想をそのままにして、「ゆとり」や「ゆっくり」を唱えても、結局のところすぐに振り子が戻ってしまう。そしてまた、その「ゆとり」というのが、子どものペースに合わせて適切なときに適切なことをじっくり学ぶ、シュタイナー教育の「ゆっくりじっくり」のもつ洞察を欠いているからだ。だから、授業時数や教育内容の「削減」に短絡して、「ゆとり」は単に何もしない時間を増やすだけのように受けとめられてしまう。

京田辺シュタイナー学校の教室のようす

先を急がず
プロセスを生き尽くす

電車のスピードアップも、早期教育も詰め

リレーエッセイ
子どもたちの幸せな未来

込み教育も、発想の根っこは同じだ。とにかく目的地へ少しでも早く着くために、プロセスはできるだけ省略・効率化していく発想。そのように先を急いで「効率化」したつもりが、でも結局のところ、貧しく危うい結果を生み出してしまう。かつて「新幹線教育」とも呼ばれた知識の詰め込み教育は、結果的にじつに薄っぺらな知識、テストが終わったらすぐに忘れてしまうようなひ弱な学力しかつけられなかった。その反省をしっかり踏まえて、したたかに、もうひとつの学びのスタイルを模索していきたい。ゆっくりじっくり、結果を急がず、プロセスを味わい尽くしながら。

かえってその方が、私たちの人生が辿《たど》り着くべきそのところへ、いつしかちゃんと辿り着いている気がする。というより、たとえどこに辿り着こうとも、それまで生きてきたプロセスがすべて、それがそれで人生だったと幸せに思えるような気がする。子どもたちに、そんな幸せな人生を歩み尽くしてほしい。けっして先を急がずに。

関西では今、電車に乗っていると「この電車は2分遅れて発車しました。安全運転につとめたいと思います」という車内アナウンスを耳にする。少々遅れても、安心して乗っていられるほうがいい。乗客たちの穏やかなうなづきが、暗黙のうちに読み取れる。

このセンスを、いつまでも忘れずに、保ち続けたい。そして、このセンスでもって、子どもたちの成長のプロセスも見守りたい。この子たちの未来が、安全で、健やかで、ピースフル（穏やか）でありますように、と。

（このエッセイは毎号交代でさまざまな方にお願いしています）

シュタイナー教育独得のにじみ絵

子どもを危険な食品から守るために

安部 司《つかさ》さん
(食品開発アドバイザー)

協力=自然食の会(福岡)

ハムやソーセージ、冷凍食品や加工食品はもちろんのこと、お総菜やお弁当、サンドイッチまで、いまやありとあらゆる食べ物に食品添加物は入っています。その秘密のほんのいくつかについて、かつて実際に加工食品の研究に携わっていた安部さんからうかがいました。
今の食生活をすぐに変えることは難しいかもしれませんが、子どものため、家族のために知っておいて欲しいと思います。

添加物はあらゆる食品に入っている!

現在、食品添加物は約1500種類くらいあるといわれています。そのうち500種類くらいは日常生活に表示されていますが、残りは一般にはほとんど知られていません。外食をしたり、スーパーやコンビニで冷凍食品を買えば、最低でも5~6種類の添加物が入っていると考えて間違いありません。僕が今日、お昼に食べたサンドイッチには30種類くらいの食品添加物が入っていました。

実際に売られていた「こだわり塩鯖《さば》弁当」のラベルをみてみると、表示してあるものだけでも、アミノ酸等、リン酸塩Na、pH調製剤、甘味料、着色料、アナトー、カロチン、保存料、発色剤、アスコルビン酸ナトリウム、亜硝酸ナトリウム、酸化防止剤など、たくさんの添加物の名前が書いてあります。しかし、私から見るとこれでも実際に使われている種類の半分くらいではないかと思いますし、表示されているものでも私にはわからないものもあります。

添加物すべてがわからないのは、一括表示という方法によって加工に複数の化学調味料を使っても「アミノ酸等」という表示が認められているからです。また、増粘多糖類という表示はいくつかの増粘剤を使ったということです。さらに、加工食品を合わせた弁当などには50～60種の食品添加物が入っていますが、これが表示されるわけではありません。

消費者から見ると、ハムやソーセージのような加工度の高い食品はたくさん食品添加物を使っているような気がするようですが、スーパーで売っているポテトサラダやきんぴらには使っていないのだろうと思っているようです。また、たとえば、ファミリーレストランで出てくるおかずやハンバーグにも食品添加物を使っていないイメージをもっているようです。

しかし、かつて食品添加物を扱う商社のセールスマンとして、さまざまな食品の開発に携わってきた私のような立場から見ると、パンや総菜、コロッケもハムやソーセージ、さらには温かいお弁当などもすべて同じことです。なぜなら、たとえばスーパーで売っているハムにはおそらく20種類くらいの添加物を使っているはずですが、それと同じものを普通のお弁当屋さんでも使っているはずだからです。ファミリーレストランにしても同じことです。しかし、一つ一つのお弁当に添加物についての表示はありません。

それは、「包装した食品は表示しなさい。でも自分で作って売る分についいては表示しなくてもいいです」という法律があるからです。

ハンバーグなどは袋から開けただけだから作っていないのに表示をしないのはおかしいと思うかもしれませんが、法律上は開封して小分けにしたり、詰め合わせをすると製造者になるのです。ですから、仮に冷凍食品を温めて詰めただけのお弁当屋さんも製造者であり、直接販売するので、表示の義務はありません。ファミリーレストランも同じことです。

よくわからない添加物

一般の消費者に身近な食品、子どもが好きなものの一つに、たとえば「タマゴハムカツロール」があります。近所のお店で子どもが好きな食品を聞いて買ってみたのですが、これに含まれている添加物は、パンを作るためのイーストフード、乳化剤、pH調製剤、グリシンなどが表示されていました。pH調製剤とグリシンは他の加工食品でもしばしば見る添加物で、きんぴらなどの総菜にも使われています。

「pH調製剤というのは何ですか」というのは良く聞かれる質問の一つですが、私にもその中身について正確にはわかりません。ただ、次のような物です。たとえば、ポテトサラダが3日で酸味が出てしまうのだが、店としては5日から1週間は持たせないと弁当のおかずとして使えないという条件があったとします。こうした場合、最も簡単なのは保存料を使うことです。保存料にもいくつもの種類があるのですが、使用する場合はその食品と使ってもよい量を国が定めているのです。

たとえば、「○○という保存料を△△に使う場合は1キロあたり2グラムまでです」というように厳しい使用基準があり、勝手に使うことはできません。逆に言えば、データ上で毒性の高い保存料は国が厳しく使用を制限しているといってもいいでしょう。ですから、ある食品会社が「うちの明太子はカビが生えやすいから」といって、勝手に強い保存料を使ってしまうと食品衛生法で捕まることになります。

それでは、ポテトサラダを5日から1週間もたせるために保存料を使いたいと思った時はどうするかというと、使用基準のない添加物の中から日持ちをよくする効果のある食品添加物を探すしかありません。たとえば、日持ちさせるために静菌作用のあるお酢を入れるとします。すると日持ちはよくなっても酸っぱくなってしまうので、なんとかしなければなりません。そこでpHを調製して酸性になるようにするのです。

pHは酸度を表す表示で、水はpH7。pH3くらいになると私たちは初めて「酸味」を感じます。つまりpH3になる手前で防腐剤を入れればいいわけです。そこでいろいろな保存効果のある添加物で調整を考えます。たとえばある添加物メーカーは「サラダ日持ち剤」という添加物を作ります。主成分は酢酸ナトリウムですが、そこに5、6種類の添加物をまぜて作ります。できあがったのは真っ白い粉です。そして、惣菜屋さんに「これを使うとポテトサラダが5日から1週間もちますよ」と売り込みます。業者は使うことにします。そして表示はどうすればいいのか尋ねると「pH調製剤でいいんですよ」というふうになるのです。このような場合、pH調製剤の配合された成分は表示されませんが、複数の添加物が使われていることは「一括表示」の「pH調製剤」で予想できます。

もう一つのグリシンはアミノ酸の最も簡単な成分で、私は毒性はそれほど気にしていません。お米に入れるとつやがでたり、菌が増えるのを防ぎ保存性もある添加物です。

子どもの好きな無果汁ジュースとは

子どもたちが好きなものに、コンビニとか自動販売機で売っているジュースがあります。たいがい「無果汁」と書いてあります。誰もおかしいとは思いませんが、果汁が入っていないジュースとはなんでしょうか。

たとえば、無果汁のオレンジジュースがあります。これは次のような方法で作られています。

水に赤い色素とレモンイエローの色素を入れて、オレンジ色の色水を作り、酸味と甘みを付けます。酸味はクエン酸がよく使われています。甘みは液糖（液体になっている糖分）を使います。液糖の原料はでんぷんで、これに酵素を反応させると、同時にブドウ糖と果糖ができますから、甘いジュースや甘い加工食品には「ブドウ糖果糖液糖」という表示があるのをみかけることもあるでしょう。ちなみに合成色素はすべて石油から作られています。

酸味と甘みのあるオレンジ色の色水に、オレンジ香料を入れます。香料には多くの種類があり、レモン香料だけでも熟《う》れたレモンやもぎたてのレモンなど数種類があります。ジュースメーカーは香料の中に何が入っているかわかりません。香料の中身まで表示する義務はありません。

さて、家庭でオレンジを搾《しぼ》ると濁《にご》りがでますから、それに倣《なら》って濁り剤も入れます。濁ると本物っぽくなります。こうしてできたのが「無果汁のオレンジジュース」です。

レモン5個分といったジュースはさらに添加物のビタミンCの液を入れていますし、炭酸ガスを吹き込むと「××ソーダ」になります。

果汁30％というジュースの場合は、残りの70％を水だけにすると水っぽくて飲めないので、液糖、香料、酸味料を入れ、コーラのようなするどい酸味にはリン酸などを使います。

私たちが病気になるとブドウ糖を点滴で打ちますが、さきほど書いたように液糖の半分はブドウ糖ですから、ジュースを飲むと、かなりの量のブドウ糖を急激に体に入れることになり、血糖が急に上がるのです。これは怖いことです。

通常、私たちがブドウ糖を摂《と》るときは、ご飯などの中のブドウ糖をゆっくり分解して吸収するのですが、ジュースをがぶ飲みすると多量のブドウ糖、果糖を一度に摂るため、血糖値を調整をするホルモンであるインシュリンが多量に分泌され、血糖の調整のバランスがおかしくなることがあるのです。

ジュースのCMには落とし穴もあります。若い人はノンカロリーという言葉に弱い。しかし、ノンカロリーといっても甘みはあります。つまりノンカロリーということは、体に吸収できない合成の甘味料を入れているということです。

肥満にいいとか、飲み過ぎ食べ過ぎた後、疲労回復にいいというイメージのコマーシャルをしている飲料が増えてきましたが、それは体によいといわれているアミノ酸を入れただけのことです。

アミノ酸はタンパク質が分解してできますから、ジュースに入っている程度の量は醤油にも入っていますし、味噌の方がもっと複雑なアミノ酸が入っています。ただ、アミノ酸として摂っているのではなく、調味料としてとっているだけのことなのです。つまり普通の食事をしていれば、こうした飲料水に入っている程度のアミノ酸は摂ることはできます。

繊維不足の人のための飲料もあります。食物繊維というと野菜をすった後に残る繊維を思うでしょうが、吸収されない炭水化物はすべて食物繊維といいますから、そういう食物繊維を入れています。

スポーツ飲料は酸味料にグルタミンソーダやカルシウム酸ソーダなどの無機塩類を溶かしています。悪いとはいえないかもしれませんが、先ほどのようにブドウ糖、果糖を急激に取り入れるのは気になります。

私はこうした食品添加物についての基本的なことは、中学の家庭科で教えるべきだと思っています。どの添加物が酸味を出すのかとか、うま味をだす調味料はどれかというくらいの知識で十分だと思います。

また、「食品添加物は怖いからいやだ」という人もいるでしょうが、加工食品は一方的に押しつけているわけではありません。消費者として自由に選択できるのですが、なぜか多くの人は買ってしまうのです。買ってしまった以上は、添加物に文句をいっても仕方ありません。原材料の表示をよく見て、添加物がいやならば買わない、それしかないと私は思っています。

※この原稿は、福岡県の自然食の会主催の講演会の一部を編集部がまとめたものです。

連載著者の近況報告

2005年5月

■藤村亜紀さん
（64ｐ「子育てほっとサロン」を担当）

ゴールデンウィーク明け、登校していったはずの娘が玄関の外で泣いました。理由を聞いてもはっきりせず、「行かない」と言い張るだけ。

幼稚園に勤務しているときも、長期休みのあとは登園を渋る子どもがおり、親御さんにアドバイスなんぞしておりました。

なのに、自分のこととなったらからっきしだめですね。

焦りまくって担任のご自宅に電話を入れてしまい、「もうとっくに出たよ～」とご家族の方に笑われました。

しばらく家でゆっくりと、寝転がったりおしゃべりしたりしてから、「行こっか」と桜並木の下を2人で歩き始めました。歩きながら娘は、「久しぶりに行くの、恥ずかしかったんだ」と打ち明けてくれました。

それからは、何事もなかったかのように登校しています。私もまだまだ未熟者だなあ、と思った一件でした。

■安部利恵さん
（106ｐ「始めませんか？　台所からの子育て」を担当）

凸凹道でも無いアスファルトでつんのめった。

ハハーン。子ども二人が生まれてから今まで、何も運動らしいことはしてないし、もしかしたら筋力が落ちたかも!?　汗でもかきたいなー何かしなくちゃと、時間を見つけてはウォーキングを始めた。けれど、草花を見ると何かなとつい立ち止まるし、強い日差しで意外と疲れて肌も焼けてきた。でも、夜道を歩くのはちょっと……。

そんな話をしてたら、一時間のエクササイズいいわよ～。と友人に誘われた。

最後まで着いて行けるかなと不安になったけれど、「息してるー？　はい！　掛け声出してー」なんて言われながら大勢で大汗かいてついて行くうちに、「ン？」何か心地のいいデジャブ気分。

そうそう学生時代の部活の気分だ。きついけど気分が爽快ではまった。

筋トレの方法も教わってナイスバディーになるぞーというより、怪我しない様に鍛えなくちゃと張り切っている私の体力やっぱり下り坂!?

■はせくらみゆきさん
（表紙イラスト、70ｐ「子育てママの元気講座」、120ｐ「星の子物語」を担当）

もうすぐ、沖縄の楽器、三線《さんしん》のコンクールがあります。昨年お情けで新人賞をいただいたことで、すっかりその気になって、流れで上の賞をめざすことに……。

でも世の中甘くはないもんだ。沖縄の方言は難しく、私はしょっちゅう「言葉がなまっている」といわれています。そう、方言がなまっているのです。

三線は唄と一緒に歌うので、大和口（やまとぅーぐち、日本の標準語）しかしゃべれない私にとっては、カタカナをなぞって歌うようなもの。いったいどうなることやらと、今からヒヤヒヤです。ああ、早く終わらないかなあ。

さて、せっかくですから課題曲、スミナシ節の歌詞をご披露します。どうぞ声に出して読んでみて下さいネ！

♪「まゆなかどぅやしが、いみにうくさりてぃ、さみしくいしさや、んじょがしがた」（意訳：真夜中に貴方の夢で目が覚めたの。愛しくてたまらない。ああ、貴方さまのお姿よ）

……いかがでしたか？　方言って面白し！

■大村祐子さん
（1ｐ「子どもに話してあげたい、ちっちゃなお話」、96ｐ「シュタイナー教育相談室Q＆A」を担当）

北海道に春を運んでくる妖精たちは、まだ眠っているのでしょうか？「ひびきの村」の丘の上には、今日も冷たい風が吹いています。太陽のあつい熱が注がれる日々を熱望しながら、寒さの中で「花のフェスティヴァル」の準備が始まりました。

風に乗って流れる笛の音、風に舞う色とりどりのリボン、リボンを手にしながら踊る受講生たち…笑い声がひびき、笑顔がはじけます。

6月3日のフェスティヴァルまでには、妖精たちが眠りから覚めることを願って…皆さま、どうぞおいでください。

サマープログラムのパンフレットが出来上がり、発送作業が始まりました。手伝いを買って出てくれた受講生たちが出入りし、ミカエル・カレッジの事務局には熱気が溢れています。

全国からおいでくださる皆さまにお目にかかれる夏を、今から楽しみにしています。

（サマープログラムのパンフレットをご希望の方はご連絡下さい。早速お送り致します。☎０１４２・２５・６７３５まで。）

連載

大村祐子さんのシュタイナー教育相談室Q&A

（北海道伊達市でシュタイナー思想を実践する共同体、「ひびきの村」ミカエル・カレッジ代表）

Q なんでもやりたがる2歳の息子

2歳になった息子は、なんでも自分でやりたがるのでやらせてみるのですが、実際にはできなくて泣き出したり、暴れたりします。どのあたりまで自分でやらせて、どこから手伝えば良いでしょう？

（群馬県／AKさん）

A AKさん、あなたがおっしゃるように、子どもは何でも自分でしたがりますね。大人の目からみたら、明らかにできないことにも手を出したがって…やらせてみても結局うまくできなくて、危なくてはらはらしたり、後片付けに時間がかかったり…大人にとっては面倒なことが多く、頭が痛いことですね。けれど、あなたのお子さんが今いる段階は、どの子も成長するプロセスの中で通り過ぎるものなのです。

子どもはみんな、生まれてしばらくは自分の力では何にもできなくて、どんなことも周囲の大人にしてもらいますね。あなたのお子さんもそうでしたでしょう？　そうして成長し、今お子さんはようやく自分の手足を、自分の「意志」のまま動かすことができるようになりつつあるのですね。

これまでまわりの人が自由に歩き、自由に動き、また自由にものを動かしている様子を見て、彼はどれほど「ぼくも、早くあんなふうにしてみたい！」と願っていたことでしょう。そして今、ようやく彼は自由に動きまわることができ、また身の回りにあるものを自由に動かすことができるようになったのです。どんなに嬉しいことか！　どんなにわくわくしていることか！　これまでしたくてもできなかったことができるようになったのです！そんな自分を誇らしく思っていることでしょうね。

そんな彼の姿を見て、あなたとあな

たのご家族は、大きな喜びを感じていらっしゃることでしょう。それがまた彼の成長を助けているのですね。ですから、まわりのおとながすべきことは…彼が自分の手足を、自分の意志で動かすことができるようになったことを、彼と同じように喜ぶこと。彼がわくわくしながら手足を動かしているときは、彼と同じようにわくわくすること。そして、そんな彼を心から誇らしいと感じること…とわたしは考えるのですか、AKさん、あなたはどのようにお考えですか?

さて、わたしには今1歳半から4歳9か月になる孫が4人います。彼らはあなたのお子さんと同じように、何でも自分でしたがるので大変です。そんな彼らとわたしがどんなふうに過しているか、お伝えしましょうか!

4人の孫は、どの子もお手伝いが大好きです。そして、それぞれが気に入っている仕事と得意な仕事があります。ノノカはお掃除、ノアはお料理、ソウタはお父さんの仕事は何でも、サラはお母さんと一緒に洗濯物をたたむこと…というように。彼らと一緒に過ごすときわたしはそれぞれの子どもが気に入っている仕事や得意な仕事を、1日に一度は十分時間をかけて、そして心をこめて一緒にするようにしています。

自分の気に入っていること、得意なことを思い切りすることができたら、子どもの心も身体も喜びに満たされ、また、おとなと一緒に仕事ができた自分を誇りに思います。そうして十分満足すると子どもは自分の遊びと、自分の世界に戻って行くことができるのです。そうすれば、1日中、おとなにまとわりついて「あれもしたい!」「これもしたい!」と言うようなことはないでしょう。

イラスト・今井久恵さん

たとえば…4歳のノアは調理をすることが大好きです。彼が調理をすることが好きだと知ってから、彼がわたしの家に遊びにきたときには、必ず一回は彼と一緒におやつを作ったり、食事の用意をすることに決めました。そしてわたしは、彼のために小さなまな板と包丁、泡立器、へら、フライ返し、計量カップを用意しました。そして、彼が遊びに来る前に、おやつも食事も、簡単なもの、そして彼が十分に腕を発揮(?)できるものを考え、材料を整えておきます。

彼と一緒に料理をするときの決まりは…彼が一人でできることはさせる。少々むずかしいことにはわたしが手を添える。危険なことはさせない…です。勿論、わたしが「これは危ないからおばあちゃんがするわね、ノアは見ていてちょうだい」と言っても、「ボクがする」と言い張ることがあります。そんなときには、怪我をしない程度にやらせます。そして、「ボクにはできない！」「あぶない！」と分かるように仕向けます。

わたしが「ノアくん、今日は一緒にパンケーキを焼いて、おやつにいただきましょう」とか、「今日は一緒に夕ご飯をつくりましょうね。献立はノアくんの大好きな煮物にしましょう」というと、ノアはいそいそと調理台の前に椅子を持ってきて腕まくりをし、手を洗います。そして、わたしと一緒に調理器具と材料を準備します。

その時とても大事なことは、「子どもが一緒にしたがるから、しぶしぶやらせる」というのではなく、「はじめから子どもと一緒にすることを計画し、それをわたし自身が楽しむ」ということです。それから、全部お膳立《ぜんだ》てをしてから参加させるのではなく、準備の段階から一緒にすることも大事なことですね。つまり、子どもが自分のしたいこと、楽しいと感じることだけに参加するのではなく、すべてのプロセスに参加することによって、「責任を果たす」ということも体験するのです。

さて、パンケーキを作るために必要な材料は小麦粉、ベーキングパウダー、蜂蜜、卵、豆乳。調理器具は計量カップ、ボール、泡立器、フライ返し、お玉、フライパン…全部をノアと一緒に用意します。

卵を冷蔵庫から取り出すときはわたしがボールを持ち、彼がボールに卵を入れます。小麦粉とベーキングパウダー、そして、豆乳を計量カップで計って別なボールに入れることもノアの仕事です。蜂蜜も計量スプーンで計ります。（ノアはここで蜂蜜をたっぷりなめる楽しみを味わいます）焼くときに使うマーガリンも用意します。

いよいよ調理が始まります。卵を割ってボールに入れるのもノアの仕事です。上手に割れるときもありますが、殻《から》をくしゃくしゃにすることもあります。殻がボールに入ってしまったとき

●プロフィール
大村祐子（おおむら ゆうこ）
1945年生まれ。87年、米国カリフォルニア州サクラメントにあるルドルフ・シュタイナー・カレッジの教員養成、ゲーテの科学・芸術コースで学び、90～92年、サクラメントのシュタイナー学校で教える。また、91年より同カレッジで、日本人のための「自然と芸術」コースを開始。
96年より、北海道伊達市でシュタイナー思想を実践する「ひびきの村」をスタート。現在「ひびきの村ミカエル・カレッジ」代表。「自然と芸術と人智学のプログラム」「教員養成プログラム」「アクティブ・ユース・プログラム」各教師。
主著に半生を綴った『わたしの話を聞いてくれますか』『シュタイナーに学ぶ通信講座』1・2・3期、『ひびきの村 シュタイナー教育の模擬授業』『創作おはなし絵本シリーズ』、シュタイナーの七年周期の本『昨日に聞けば明日が見える』など（いずれもほんの木刊）がある。北海道STVラジオ、レギュラー出演中。この番組は「ほんの木」のホームページ（http://www.honnoki.co.jp/インターネットラジオ）で聴取ができます。

には、わたしが取り除きます。卵を泡立器でかき回すのもノアの仕事です。

ノアが満足するまでかき回させます。次に他の材料を全部入れてかき回します。それもノアの仕事です。暖めておいたフライパンにスプーンでマーガリンを入れ、お玉ですくって入れるのも、フライ返しで返すのも、焼けたパンケーキをお皿に入れるのもノアの仕事です。パンケーキを作るとき、ただ一つ、ノアができないことがあります。それは火を扱うことです。

お皿、ナイフ、フォーク、ナプキンを用意するのはおじいちゃんとノアの妹のサラの仕事です。

「大村さんはおばあちゃんだから…それに毎日一緒にするというわけではないから、そんな余裕があるんでしょう?」と言われれば、まったくその通りだと思います。子どもと一緒にすることを「余裕を持って!」「楽しんで!」と言われても、子どもさんと朝から晩まで一緒にいるお母さんにとっては難しいことだということも十分に分かります。わたしもかつて、二人の息子を育てましたから…だからこそ、今振り返って「ああしたら良かった」「こうしたら良かった」と考えることが多くあり、それをお母さんたちに伝えたいなあ、と思うのですよ。

こんなにこまごまと書いたのは、「子どもができることはたくさんある」ということを、具体的にお伝えしたかったからなのです。子どもはわたしたちのように上手にできないこと、時間がかかること、散らかること、手間がかかることは当然なのですが、それを面倒と考えず楽しむことができたら良いですねえ。
・子どもがしたいことを、十分に満足するまでさせる。

・それをあなた自身も一緒に楽しむ。
（そのためには準備をすることが大切です）
・できる限り、すべてのプロセスを子どもに体験させるようにする。
・そのプロセスの中でできないこと、してはならないことをはっきり示す。
・子どもが難しいことに挑戦しているときは、少し手を添える（少しずつできるようになってきたら、その都度、手を添える度合いを減らしてゆく）。

1日に1回でいいのです。くどいようですが、試してくださいませんか？　子どもは自分ができることを十分体験し、心から満足したら、あとは自分の遊びに夢中になりますよ。それに、こんなふうに子どもと一緒にたのしい時間を持つことは、2、3年の間だけなのです。かけがえのない時間を、あなたが心から楽しんでくださることを祈っています。

Q 過保護はよくないとわかっているけれど

過干渉はいけないとわかっているのですが、過保護はいけないとわかっているのですが、ついつい、「これをしなさい」「これをしなきゃだめでしょ」と言ってしまいます。何かいい方法はないでしょうか？

（静岡県／SAさん）

A

SAさん、あなたが望んでいらっしゃる、過干渉をしないため、過保護をしないための良い方法というのは、わたしには分かりません。ただ、過干渉とは何なのか？　過干渉された子どもはどういう状態になるのか？　また、過保護とは？　と深く考え、それを理解することができたら、育児に対するあなたの認識が変わるのではないでしょうか？　そのことによってあなた自身の在り方が変わり、お子さんに対するあなたの態度が変わるのではないでしょうか？

わたしがそう考えるのは、わたし自身がそうだったからなのです。若い頃、わたしは世界について、人間について、わたし自身について多くの問いを抱えていました。けれど、答えを真剣に求めることをせず、安易に結婚し、子どもを持ちました。

人間について深く理解することなしに、子どもを理解することなどできません。わたしは子どもを育てることの本当の意味を知らないまま、長男を、本質とははるかに遠い育て方をしてしまいました。そして、苦しみ、悩みながら彼を育てる道の上で、ルドルフ・シュタイナーに出会い、真の人間観を学んだのです。

そうしてはじめて、子どもを育てる事の意味を理解することができました。それからわたしは、学んだように子どもを人間の本質に沿った育て方をしたいと望み、そう決めたのです。それはわたし自身の在り方と、生き方を変えることでもありました。ですから、決めたからと言って、直ぐにはできませんでした。その後、長い時間をかけて少しずつ実践できるようになったのです。

わたしは、このわたし自身の体験から、「すべては本質を学ぶことから始まる」と考えています。育児に、いいえ、育児に限らずどんなことにも簡単な方法はないのです。

SAさん、少し時間がかかるかもしれませんが、過干渉と過保護について、ご一緒に考えてみましょう。

わたしもずいぶん後になって分かったのですが、SAさん、過干渉と過保護はまったく違うものなのですよ。過干渉は「親であるあなたが、子どもをご自分の価値観に従わせる」ということであり、過保護というのは「子どものしたいことをさせる」ということなのです。

SAさん、児童精神科医の佐々木正美さんが書かれた『子どもへのまなざし』『続　子どもへのまなざし』(ともに福音館書店)をお読みになったことはありますか？　勿論、シュタイナー教育に関わっているわたしは、ルドルフ・シュタイナーの人間の洞察や、教育観から多くのことを学び、それを基にして教育活動をしています。そして、シュタイナー教育を実践していらした方々から実に多くのことを学んできました。けれど、同時に、シュタイナー以外の世界観、教育観、実践からも多くのことを教えられているのです。特に、古くは津守房江さんが書かれた『育てるものの目』(婦人之友社)から、そして最近は佐々木正美さんの著書から多くを学びました。

『子どもへのまなざし』には、こんなことが書かれています。「過保護で子どもを、本当に育てそこなったという例を、見たことがない」「過保護に育った子どもで、ダメになった子どもは絶対にいない」と。

過保護というのは、「子どもが望むことを、望んだとおりにやってあげて、やり過ぎる」ということですね。あなたは、ご自分がお子さんに対して過保護だと考えていらっしゃるようですが、本当にお子さんが望むとおりにしてあげていますか？　そして、それをやり過ぎているとお考えですか？

　あなたは、たくさんのことを子どもさんにしてあげ過ぎている、とお考えになっているようですが、多分（これはわたしが自分の息子にしたことなのです）、あなたは子どもさんが望むとおりに、ではなく、ご自分が望むようにしていらっしゃるのではないかと思われるのですが、いかがですか？

　あなたのお子さんが何歳なのか分かりませんので、見当違いな例かもしれませんが、たとえば、子どもが水遊びが大好きだからといって、すぐに水泳教室に通わせる…子どもは近くの川で思う存分遊びたかっただけなのに。子どもが本を読んでもらうのが大好きだからといって、「この子は読書が好きなのだわ」と思い込み、本をたくさん買い与えて字を教える…子どもは本を読んでくれる、お母さんの優しい穏やかな声を聞くのが好きだったのに、というようなことはなかったでしょうか？

　SAさん、思い当たることはありませんか？　あなたにまったく思い当たることがなく、もし上記したように、お子さんを本当の意味での過保護に育てていらっしゃるのなら、佐々木先生がおっしゃるように、心配することはないと思いますよ。自分の望みを、自分が望むように叶えてもらえたら、お子さんはあなたを信頼し、あなたに守られていることで安心し、安定し、「どんなことがあっても大丈夫」と感じていることでしょう。子どもとして、これほど幸せなことはありません。

　次に過干渉について考えてみましょう。過干渉は過保護と正反対で、「子どもがしたくないことを、あれこれやらせ過ぎる」ということですね。過干渉の親御さんは、自分の感情を満足させるためにしていることが多いと、佐々木さんはおっしゃっていますが、振り返ると、わたしには思い当たることばかりです。

…子どもが嫌がることも、躾《しつけ》のため

にはしなければならないことがある。子どもがしたくないと言っても、人間として学ばなければならないことは、どんなことがあっても学ばせる。子どもがイヤだといっても、優秀な人間になるためには無理にもさせる…こんなことを、わたしはしていました。そして、それは正しいこと、親としての義務であると考えていました。けれど、思い返すとわたしは、わたし自身が良い親であることを周囲の人に認めてもらいたいため、そうして自分が満足するためにしていたように思えるのです。私がしてきたことは、ちっとも子どものためではありませんでした。

　あなたはあるときには過保護になり、あるときには過干渉になる…というふうにそのときどきによってお子さんに対する態度が変わるのでしょうか？　わたしもそうでしたよ。人には二面性があって、それぞれは反対の極にあるのですが、それが一人の人間の中にあるのですね。そして、わたしたちはそれほどの矛盾を感じることもなく、生きているのですね。

　けれど、あなたは今ご自分の中の矛盾に気が付かれたのです。いつも、いつも言っていることですが、子どもを育てることは自分を育てることなのです。子どもを育てることで、自分の中の矛盾に気が付き、自分の中の邪《よこしま》な気持ちを発見し、自分の中の虚偽に出会い、そうして自分の在り方を、自分の生き方を変えていくことができるのです。子どもは何とありがたい存在なのでしょう！

　SAさん、わたしは子どもを育てることを通して、変わることができました。

Q シュタイナーと宗教、信仰とは？

以前、大村さんの「ひびきの村」に行った時、各教室の正面に聖母像（たぶん、ラファエロかミケランジェロによるものだと思います）があったのが印象的でした。シュタイナーや大村さんは、宗教、信仰とどういう関わり方をしているのか具体的に、やさしく教えていただけますか？

（三重県／MMさん）

A

あなたがご覧になったのは、ラファエロの「サン・システの聖母」、あるいは「システィーナのマドンナ」と呼ばれているものですね。わたしが知っている限りでは、世界中のシュタイナー学校の教室に、このマドンナ像が掲げられているのですよ。

　あなたからのご質問が届けられて、わたしは改めてその絵をゆっくり見ま

した。深い緑色の天幕が開かれ、天上の雲の中を光に包まれて、キリストをしっかりと抱《いだ》きながらこちらに向かってくる聖母マリア。大きな使命を背負って地上に降りようとするキリスト・イエスの母として、その強い覚悟がわたしの胸にせまってきます。

　処女のまま身ごもることを受け入れた心、世の救い主となる者を我が子として受け入れた心、イエスが使命を果たすその日が来るまで預かり、しっかり育てようと決めた心。その日が来ることを恐れつつ、そのときには潔《いさぎよ》く手放そうと決めた心…風を受けてふくらむヴェール、裾《すそ》が翻《ひるがえ》る青いマント、雲の上を歩く素足…若いマリアの姿に、強さと潔さが感じられ、それがわたしの胸を打つのです。

　よく見ると、マリアとイエスの後ろには、無数の子どもの顔が見えます。天使でしょうか？　これから地上に生まれてくる子どもたちの顔だと言う人もいます。天上界の多くの存在と、地上に暮らす多くの者たちと、これから地上に下る者たちの内に愛を目覚めさせる、という大きな使命を果たすために、地上に降りようとするイエスを胸に抱いて、マリアは地上に続く道を歩むのです。

　考えてみると、シュタイナー学校の教室に「システィーナのマドンナ像」が掲げられている理由を、わたしはだれにも尋ねたこともありませんでした。けれど、だれに尋ねなくとも、温かいその胸にしっかりとキリストを抱いたマリアの姿を見たとき、わたしはその訳が分かったのでした。

　シュタイナー学校で教師として子どもの前に立つわたしたちは、聖母マリアのようにしっかりと、わたしたちに託された子どもたちを胸に抱き、子どもたちを育てる役目を果たすと決めた者なのです。今わたしたちの手に託された子どもたちは、天上界にいたときには、精神的な存在たちによって育てられ、導びかれていました。そして、時が満ちて、子どもたちはそれぞれの

大村祐子さんのシュタイナー教育相談室Q&A

親を選び、地上に降りて来たのです。

わたしたちは天上界で精神的な存在たちが行っていた仕事を、この地上で引き継いだのです。つまり、子どもたちがこの世で果たそうと決めた役割を果たすことができるよう育て、そのために必要なことを教える役割を担ったのです。

「システィーナのマドンナ像」は、わたしたちにそのことをいつも思い出させます。子どもがすることを理解できず、苦しいとき。子どもが必要として言えることが分からず、悩むとき。子どものすべてを受け入れることが難しいと感じるとき。わたしは「システィーナのマドンナ像」を思うのです。そして、すべてを受け入れる彼女の強さと潔さを、わたしの内にも…と願うのです。

わたしたち教師が、教える子どもたちを選ぶのではありません。子どもたちがわたしたちを、彼らの教師として選んだのです。選ばれたことを受け入れる心、子どもがその使命を果たすことができるよう、しっかり育てようと決める心、その日が来たら潔く手放そうと覚悟する心…その心をわたしたちシュタイナー学校の教師は、聖母マリアから示されるのです。

ご存知のように、ルドルフ・シュタイナーはキリスト教文化の中に生まれ、育った人です。ですから、キリストの存在から大きな力を授けられたことでしょう。それは彼の生い立ち、彼の世界観、人間観から窺《うかが》えます。けれど、彼はそこだけに留まることをせず、宇宙にとって、地球にとって、世界にとって、全人類にとってのキリスト存在の意味を洞察し、わたしたちに示してくれました。そこには、ゾロアスター（拝火教の祖）、仏陀（仏教の祖）の姿が見えます。彼らがどのようにキリスト存在と関わったか、ということも示されています。

MMさん、シュタイナーはあるひとつの宗教に留まらず、精神の世界、そこに存在する精神的な存在、そして彼らとわたしたち人間との関わりを深く洞察しました。そして、その関わりを大切にし、またわたしたちにも示唆したのです。

わたし自身は小学1年生からミッションスクールで学び、キリストの教えに大きな影響を受けました。ただ、人智学を学び、シュタイナーからキリストの本質を学んでからは、キリストの教えではなく、キリストの存在そのものがわたしの力となったように感じます。そして、実際、キリスト存在と大いに関わりのある仏陀や観音もまた、わたしの人生の歩みの中で、必要な時々《ときどき》に現れ、必要なことを示してくれます。

わたしは精神の世界に存在する、精神的な存在たちの大きな力と愛と光に導かれて歩んできました。これからもそうでありたいと願っています。

（次号に続く）

［連載］　始めませんか？　台所からの子育て……⑤

あべ りえ
1962年長崎市生まれ。福岡で育つ。大学卒業後、栄養士として乳幼児検診の栄養相談などを経て結婚。長女出産後、育児サークル「ほしのこくらぶ」を発足し、はせくらみゆきさんらと活動。現在はスローフード、健康料理教室、子どもやオッパイママの食育、体と地球に優しい食などをテーマに活動中。料理に限らず、つくること、おいしい伝統食が大好き。見て知ってなんでも楽しむをモットーにしている。夫と9歳、12歳姉妹の4人家族。子どもの食と健康を考える会会員。

常備菜を使ったシンプル和食は簡単で、子どもも大満足！

安部利恵さん（栄養士）

経験というレシピ

「あー、今日の晩御飯何にしようかなぁー」。誰からともなくそんな言葉とため息が漏《も》れる昼下がり。

私も今日はこれを作ろう！　と思ってワクワクして早くから準備する事もあるけれど、日々の料理はその日に〝ある物〟を見て食べたい気分のあり合わせ料理。「おかずを何にするか」なんてぼんやりとしか考えてない。主菜のイメージが大体出来てきたら、これはこんな味と一緒に食べたいなと酢の物でもつくっているうちに、なんとなく出来あがる。

想い返してみるとそんな事の基本は、以前作った事のある料理がベースになっている事が多い。そういえば料理をする時って、自分の中にレシピの経験ストックが多いほど、応用が効いて有利なのかもしれない。

だから少々苦手でも毎日のことだもの、本を見たり習ったりする事でメニューをぱっと思い出したり閃《ひらめ》いてつくれるんじゃないかないかな。その原動力は、やっぱり作る人自身が〝こんなの〟を食べたい、食べさせたいって強く思うことなんだと思う。要するに食いしん坊になるって事かもしれない。

子どもたちもご飯と常備菜が大好き

子どもと外遊びから家へ帰っても、遊び足りなかったりお腹が空いて機嫌が悪いことはよくあること。おまけに夕食までの時間が限られていたりすると誰だって焦《あせ》る。

そんな時のために、忙しい時も出かける時も次回の御飯だけは確認し、（米一合が茶碗2杯分の御飯として）食事の時には炊《た》き上がっている様にセットしておきます。

時間のある時に作っておいた常備菜も確認しておき、メニューを考えたり迷わなくても、晩御飯の時間になったら常備菜を冷蔵庫から出して、「具だくさん味噌汁」があれば、ほぼこれで完成！

その日のお腹の空き具合によってボリュームが足りない時は、魚、豆腐、肉料理などをもう1品増やしたり、帰りに買った魚を焼くだけであっという間に用意が出来るように、ごはんの段取りだけはつけて出かけるようにしています。そうすれば、夕暮れ時に明るい気分で家に帰り、楽しい食卓を囲むことが出来るでしょ!?

家族の健康を考えると、主食は先ず「ご飯」（胚芽《はいが》米と雑穀だともっといい）で、「ご飯＋常備菜」の組み合わせがいい。そこで、忙しい毎日の強い味方は健康的で手軽で美味しい常備菜！　必然的にいろんな常備菜がよく食卓に上っていた。小さい時からお腹が空いた時に食べさせていたのが、一番手軽なご飯とダイコン葉やひじきの常備菜の混ぜご飯。

どんな時でもご飯だけは欠かさないように炊いていた事が功を奏したのか、子どもたちは「ご飯に何もつけなくても美味しいから好きだよ」って言うほど、何よりご飯が大好きになった。

今では、ダイコン葉のふりかけも二把分《にはぶん》たっぷり作って「二～三日くらいは持たせよう」と思っても、そんな思惑とは裏腹に、主菜そっちのけでお代わりしてたっぷりご飯にかけては食べるから、結局あまり残らない。常備菜とご飯と汁物の組み合わせでも、美味しければ子どもたちは充分満足。特にレンコンとこんにゃくのキンピラは、せっかく作った主菜がかすむほど人気がある。少し味が悪くて、みんなが箸《はし》を伸ばさなくなった時は、卵とじにしたり、薄揚げの中にほかの具と詰めて袋煮にしたり、お焼に入れて使い切れば無駄がない。

常備菜の春夏秋冬

常備菜としては、梅干や漬け物もいいけれど、とにかくいつもたっぷり摂《と》りたい野菜が一品増えるのが良いところ。ご飯に合う醤油ベースのだしがらふりかけや、きんぴら風の味付けのものがほとんど。みりんと醤油と、昆布、かつおをさっと煮て冷まし、割醤油を作っておくと、薄めてそばつゆ、煮物の味付けに、このまま使えて便利。それが面倒なら、最後に旨《うま》み付けとして掌《てのひら》で揉《も》み込んで入れる一掴《ひとつか》みの鰹節《かつおぶし》も味の決め手。

春はタケノコ、ウドのきんぴらも、常備菜にしておくとお弁当や季節の彩《いろど》りにもなるので便利な一品になる。

福岡では3月のほんの一週間くらいの間だけ米飴と一緒に魚屋に並ぶかなぎ（いかなご）。佃煮にしたら美味しいよと勧められ、作ってみると最初は自己流で煎《い》り卵みたいになって失敗した。

けれど、魚屋の叔母さんによく聞いて教わった通りに何回か作っていくうちに、形を残してうまく炊き上げる事が出来るようになって満足している。

最近では水揚げされる魚が日に日に大きくなってくる頃合を見計らって、飴と一緒に買ってきては、そっと煮るおいしい小魚の佃煮は、日持ちも良くて子ども達も大好きな上に、忘れてはいけない春の味。

夏はピーマンやシシトウ、ナスの皮のきんぴら。焼いたり揚げた魚を、千切り野菜と一緒に甘酢に漬けこむ魚の焼き漬け（マリネや南蛮漬《なんばんづけ》）や、大きめに切ったキュウリを醤油に漬けたものなど。作り置きしておけば、立派なお手抜き一品になる素材がたくさんある。梅味噌も作って常備しておけば、蒸《む》したナス、カボチャ、ニンジン、キュウリ、トマトなどお好みの野菜とワカメ、冷奴、刺身こんにゃくなどを大きな皿に盛り

ある日の朝食 by あべさんち
キンピラや佃煮など
冷蔵庫からサッと取り出してあたためる常備菜
つけもの
納豆
これさえあれば…!
ネバネバ〜
みそ汁
イリコとコンブの粉末だしをパラリと入れて、ありあわせの野菜を入れてつくったもの
ごはん
タイマーセットで炊き上ったものか、昨日夜の残りごはん
・粉末だしはミルでひいてあらかじめ保存！

合わせて、梅味噌を添えるだけで、すぐに主菜の出来あがり。たれに練り胡麻《ごま》を混ぜてもいい。台所で火を使いたくない暑い夏には、さっぱりとしてぴったりの料理。

秋から冬は鍋物や、具だくさんの汁物が多いので、晩御飯の用意は割と手軽にできる。その上、味のアクセントに漬け物があれば一品となるし、是非とも摂りたい発酵食品もこれで摂れる。

寒の厳しい時期は白菜やダイコン、カブの漬け物が旬で何と言っても美味しいから、一口大に切って少しずつ昆布と漬け込んでも便利。いろんな漬け物が美味しいそんな冬でもかき混ぜさえしていれば、味も良くなる糠《ぬか》漬《ず》け。なのに、私は糠床をかき混ぜ忘れて駄目にしてしまうことがある。一品増えれば不足しがちなビタミンB2も摂れるから、やっぱり良い。だから、面倒見きれなくなりそうな時は元ダネを残して保存して、懲《こ》りずに作りなおしています。

手を抜けば朝も和食の方がカンタン

朝はパンが簡単でいいわ、って言う人がいるけれど、バターやサラダ油のついた食器を洗ったり、パン屑《くず》の後片付けの事を考えると、やっぱり私は味噌汁とご飯が簡単だと思う。ずぼらな私は、味噌汁が昨晩の温めなおしだったり、夏は冷蔵庫から出してスライスキュウリとシソやミョウガ、すり胡麻で冷やし汁にもする。

煮干や昆布をミルにかけて簡単な粉抹《ふんまつ》出しを作って置けば、鍋にパパッと振り入れ、具を入れて煮ては、味噌を溶くだけだからいつでも簡単に出来る。お陰で味噌汁は子どもの得意料理になったから、お手伝いもうまくいく。

朝はこれに常備菜、納豆、漬け物、梅干、海苔、のうちから1～2品っていうのがわが家の定番かな。そんな粗食だからこそ味噌、醤油、塩、天然だしなどの調味料にはこだわって、材料そのものが美味しい事がこのお手抜き料理の唯一の大切なこだわり。

そうやって作った料理は、愛着が沸《わ》いて、煮汁が何だかいとおしい。調味料と野菜やタンパク質の旨《うま》みが醸《かも》し出す深みのある煮汁の味。それが凝縮していてどれも愛着ある材料から成るものだから、残った煮汁でさえ捨てるのはもったいないと思う。

捨てずに何回分も冷凍ストックして、おからと煎《い》りつけたり、漉《こ》して次の煮物に味が合いそうなら使ったりしている。

ある朝「さあこれにだしを足して、蕗《ふき》とうす揚げでも炊こうかなぁ」と思っていると「おかあさーん、昨日の煮物の煮汁、納豆に混ぜてご飯にかけたらとっても美味しいよ、食べてみる?」と子どもたち。

「そうかー、それは思い付かなかったなー。大人でも煮汁を捨てる人がいるのに川の入り口にも流さないって通だねぇ」と褒《ほ》めながら私も食べてみた。

「美味しいね!! 納豆によく付いてくる〝たれ〟にも、アミノ酸等と書かれた複数の旨みがは入ってるもんねー。それにこれは野菜エキスも出てるし複雑な天然の旨みがは入ってるから美味しいわけだ」

九四歳で亡くなった祖母の献立

ご飯と、常備菜や漬け物と汁物。一般的には粗食と言われているこの組み合わせは、長生きだった私の祖母が、何十年もつけていた日記の朝昼夜の食事欄に、明けても暮れても毎回出て来たご飯、味噌汁、少しの魚や漬け物、トーフといった献立と同じもの。それでも祖母は、九四歳で亡くなるまで大きな病気はした事

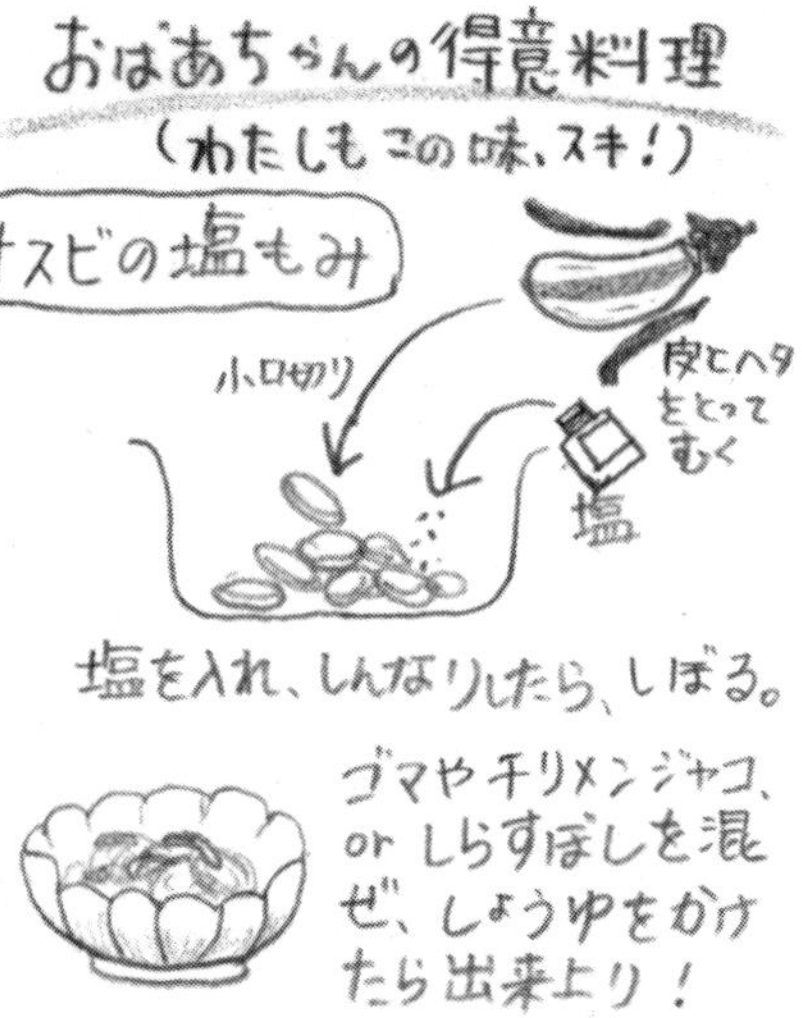
おばあちゃんの得意料理
(わたしもこの味、スキ!)
ナスビの塩もみ
小口切り
皮とヘタをとってむく
塩
塩を入れ、しんなりしたら、しぼる。
ゴマやチリメンジャコ、or しらすぼしを混ぜ、しょうゆをかけたら出来上り!

がなかった。

そんな事から考えると、お洒落《しゃれ》で変わった料理や洋食、中華こそがご馳走《ちそう》だからと、毎回の献立を何にしようかと頭を悩ませる必要はなくて、決して派手な料理ではないけれど、炊いたご飯にきんぴらや漬け物、めざしを焼いて、味噌汁を作り、夏ならキュウリでも切って塩揉みにして食べていたとしたら、作るのに時間もそうかからず、片付けも簡単だからとても合理的だったと思う。

だからこそ、お正月を始め晴れの日のご飯が際立って華やいだお祭り気分を盛り上げ、食にもめりはりがあったんだ。美味しい汁物と常備菜の、昔から日本人が食べて来た物を、日々ただ淡々と美味しく食べつづける事は、むしろ誇らしい智恵だ。祖母たちの命を私たちへとつないでくれた、毎度お馴染《なじ》みの粗食なんて言われている基本の和食が、何だか神々《こうごう》しく見える。

夫の食生活を変えるのは難しい

大分県の久住の民宿に泊まった時の事、三十種類もの自家製漬け物食べ放題に鴨肉《かもにく》ご飯、煮しめ、山菜味噌汁、白和《しらあ》え、おはぎ、など民宿のお母さんが心を込めて作った料理はどれも美味しくて、ほっとする味に家族みんなは大満足していた。

生まれてから和食で育って来た子ども達だからほとんど好みの物ばかりで、特に煮しめの味付けが祖母の味付けに似ていて懐しく、美味しい。

子どもたちは「これ、おばあちゃんちで食べるパーティー料理みたい！」と言っては、大喜びで漬け物や常備菜を何回も頂き、ご飯もお代わりして、きれいに食べてしまった。

すると、民宿の叔母さんが、「このごろの子には珍しかねー、こういう物が好いとるとねえー、うちの子もこのくらい喜んで食べてくるっと良かとだけどねー」と言う。それに比べると、何十年もの食歴を引きずっている夫は、そう簡単には変わるはずはなかった。

新婚の頃、「さあ秋の味覚、秋刀魚《さんま》よ！」と私が夕飯を出すと、「何？　焼き魚⁉　昼飯のメニューだなー」と言われて驚いた。

よくよく聞いて見ると、海辺のように新鮮な魚が獲れない内陸の土地で育った彼は、新鮮な魚の美味しさをほとんど知らなかった。実家近くの魚屋で痩《や》せた塩秋刀魚や、たまにしか手には入らない魚は、あまり美味しくないから好物でもなく、御馳走《ごちそう》と言えば魚より肉だったらしい。だから晩御飯のメインの料理に、魚の塩焼きなんて有り得なかったのだ。

発酵食品の漬け物も、酸味と発酵している良い香りが苦手と言っては、好んでは食べない上に、ご飯も白米にしてくれと言う。少しだけ偏食気味の夫だったから、家族には健康を考えて作ったものは食べて欲しくて、どうしたらいいかなと思うとワクワクして、俄然《がぜん》力が涌《わ》いてきた。

ただ、食べる習慣をごり押しで急に変えようとすれば、いくらこちらが「あなたのために」って思っても、押し付けになって食事そのものが楽しくない。帰って来なくなったら家庭崩壊の危機になる。

そこで夫の好きなメニューも作りつつ、食材もできる範囲で吟味《ぎんみ》して行きつ戻りつの組み合わせと、ちょっとした〝蘊蓄《うんちく》〟を耳元で（⁉）囁《ささや》きながら、押したり引いたりの長期計画でやってみることにした。すると、白米から胚芽米分搗き米も少しずつ好きになり、いろいろあったけれど十数年経った今では「分搗《づ》き米はよく噛むと甘味がある。白米は物足りないなぁ」と言うまでになってきた。

苦手な漬け物は、手始めに初級の甘い麹《こうじ》漬けから始めて「腸内細菌の善玉菌が増えるから、体調よくなってよぉ」などと口説きつつ、上級コース乳酸味の糠《ぬか》漬けや、古漬けをジワジワと勧めてみた。

今では糠と塩だけで漬けた本漬け沢庵《たくあん》を「うまい！」と言い、漬け物も酒の肴《さかな》にしてしまう変貌《ひょうへん》ぶり。

それでもたまに、スーパーの惣菜《そうざい》コーナーで焼き鳥を買って来ては、ビールを美味しそうにグビリグビリと飲んでいる夫をを横目で見ていると、まあ十年以上かけてやっと出来あがった我が家のさじ加減。このあたりでお互いに折り合いをつけて、うまくやっているってことかな？　と勝手に思っています。

その人の食歴が刻まれた食嗜好《しこう》なんて、本当に個人的な事。だから、そう簡単には変わらない。そこに「ネバならない」を当てはめようとするから、反発にあったりお互いが疲れてしまうのかもしれないな。相手の事は片目でよく見て、ほどよいところで折り合いをつけて受け入れる事も大切だよね。

食べる積み重ね

それにしても「毎日質の良い粗食を食べる」と言う目的が自然にさらりと果たせればこんなに楽な事はない。とすれば、やっぱり小さい時から身体が喜ぶものを自然に〝好き〟って言える嗜好《しこう》に育てるのが一番の早道なんだけどなー。子どもへの躾《しつけ》は簡単なようで、良くも悪くも「家族で何をどういうスタイルで、誰と一緒に食べたか」をそのままの経験をもとにして吸収し、成長してその人の食スタイルが決まっていく。

食べる事は積み重ねが大切、毎日のことだからこそ、先ず自分が和食を続けやすいコツを見つけよう！

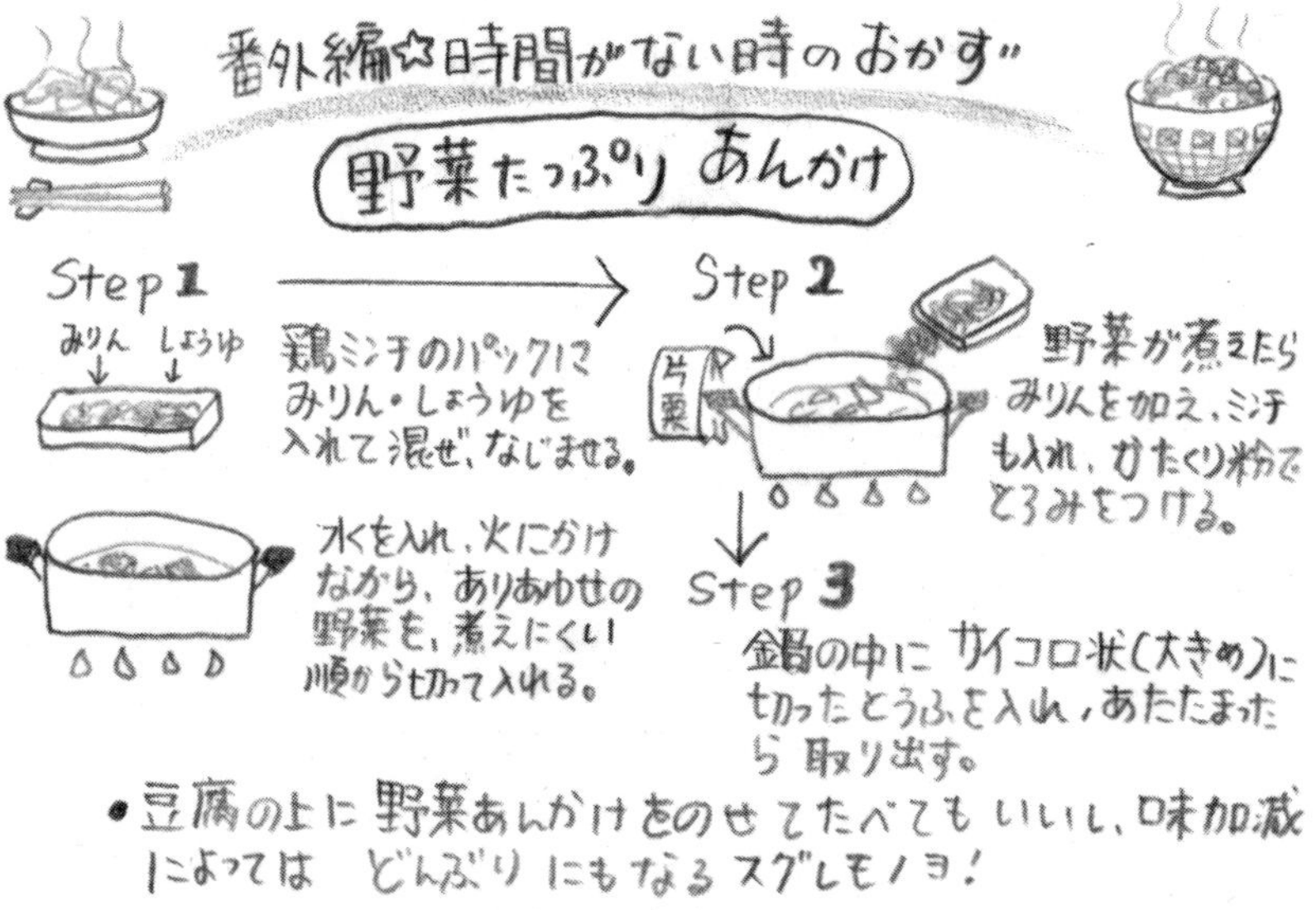
番外編☆時間がない時のおかず
野菜たっぷり あんかけ
Step 1
みりん しょうゆ
鶏ミンチのパックにみりん・しょうゆを入れて混ぜ、なじませる。
水を入れ、火にかけながら、ありあわせの野菜を、煮えにくい順から切って入れる。
Step 2
片栗
野菜が煮えたらみりんを加え、ミンチも入れ、かたくり粉でとろみをつける。
Step 3
鍋の中にサイコロ状(大きめ)に切ったとうふを入れ、あたたまったら取り出す。
・豆腐の上に野菜あんかけをのせてたべてもいいし、味加減によってはどんぶりにもなるスグレモノヨ！

イラスト・はせくらみゆきさん

読み ちょっと役に立つ？こんな子育て、教育の本

話を聞いてよ、お父さん！ 比べないでね、お母さん！

増田修治著
主婦の友社
本体1300円＋税

お父さん（4年生の詩より）
私のお父さんはすぐ寝る。
お母さんにおこられそうになると
寝る。
お金の話になると寝る。
いやな雰囲気になると寝る。
まるでカメがこうらに入るように
寝る
お父さんの武器は
「寝る」しかないのだ。

この本は埼玉県の小学校の先生が書いた本です。詩の指導、それもユーモアを主体とした詩を子どもたちに書かせ、家庭とユーモアでつながろうとした軌跡です。

この詩、どうですか？ すごいでしょう？ こんな詩と、先生の夢や努力や家庭とのやりとりや愛情が一杯つまったこの本で、私はホロリと涙を流してしまいました。

オランダの教育

リヒテルズ直子著
平凡社
本体1600円＋税

やっぱりオランダってすごいよね、と思ってしまう本書。著者はオランダ人の夫を持ち、2人の子育てをしている国際感覚あふれる日本人の女性。（オランダ在住）

百の学校に百の教育。多様性こそが一人ひとりの子どもを育てるという、教育の本質がオランダにはあるのです。市民が作った政府に、市民が作る学校がある。私立も公立同様に国が教育費を支給。教材も教育方法も先生が決め、そもそも学区もない。

要するにオルタナティブな教育とは何かが伝わってきます。競争のない中等教育。いや、日本のこのガチガチの非民主教育がバカらしくなります。塾も偏差値も学習指導要領も。日本って、本当に遅れているんですね。

壊れる日本人

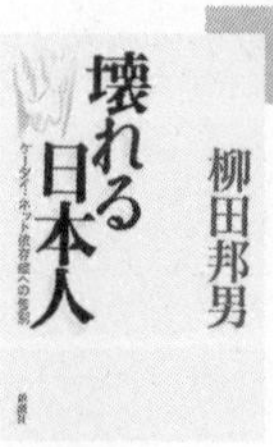

柳田邦男著
新潮社
本体1400円＋税

ノンフィクション作家として有名な著者が、殺伐とした少年少女犯罪の続発、効率優先が引き起こす重大事故、マニュアル化した仕事、多様性を失ってゆく言葉、こうした急激なIT革命が、この国から奪ってゆくものを徹底検証した一冊、読みごたえがあります。さすがに鋭いのは「見えないものを見る目を養なおう」という言葉。

副題は、「ケータイ・ネット依存症への告別」。これでおわかりのように、何が壊したのかは明確。週に一度はノーインターネットデー、子ども部屋にパソコンは置かない。小中学校からパソコン追放、ノーテレビデー、ノーケイタイデーなどの提言をしつつ、文明や利便性への告別を伝えてくれます。この考え、私と全く同じでした。

☆このページの６冊の本も「ほんの木」に申し込んでいただければ、
通販で購入ができます。☎03―3291―3011　ＦＡＸ03―3291―3030

子育て本、ひろい

「子どもの病気」

水沢慵一著
オリコン・メディカル
本体1400円＋税

東京の五の橋キッズクリニック院長（台東区）の著者が出演したテレビ番組でこの人を知りました。

患者が決めた！ いい病院、総合ランキング第1位だそうです。（それは知らなかった）

本の中身は、子どもの病気の判断の仕方です。よい小児科の見つけ方、見分け方の他、発熱、咳、発疹、泣く、痛がる、吐く、頭痛、うんち、おしっこ、予防接種と実用的。

ちなみに、良い医師かどうかの見分け方は次の3つだそう。①生真面目であること。②子どものすべてを診ようとする医師。③その周りの家族についても考えてくれること。

病院に行く前に読むと、何かきっと役に立ちそうな本です。

人間になれない子どもたち

清川輝基著
枻出版社
本体1500円＋税

本誌3、4号でご登場いただいている、小児科医の内海裕美先生からおすすめいただいた本です。

著者は元NHKの社会報道番組ディレクターで、（35年間）現在、子ども劇場全国センター代表理事などでも活躍しています。

- ●人体実験の国ニッポン
- ●激変した子どもの発達環境
- ●現代の子育ての落し穴（家庭で子どもは育たない）
- ●子どもが危ない！（メディア漬けが子どもを蝕む）
- ●21世紀型子育て・子育てシステムの構築

以上が目次内容です。思わず読みました。内海先生や、小児科医の神山潤先生とも一緒に仕事をされている著者、一読に値します。

11の約束 えほんの教育基本法

伊藤美好
池田香代子共著
ほるぷ社
本体800円＋税

「世界がもし１００人の村だったら」の著者や、多くのベストセラー本の訳者で有名な池田香代子さんと、「戦争のつくりかた」などのユニークな切り口で活躍する、伊藤美好さんの共著です。

改憲が足音高く進んでいます。さらにその前には、教育基本法の改悪も目前とも言われます。改憲、国家主義、伝統、文化、愛国心。学習指導要領から日の丸君が代の強制、はたまた歴史教科書の右傾化まで、音を立てて日本の教育や思想の自由が崩れ去ろうとしています。子どもたちの未来のためにこれでよいのでしょうか。

変えられそうな「教育基本法」の中身を絵本の形のこの本で、読んでみませんか、という主旨の本。私も読んでみようと思いました。

イラスト／今井久恵さん

本当はもう一冊ご紹介したかったのです。「月２回刊プレジデント」５／16号。「学力と学歴」特集。巻頭の陰山英男さんのインタビューだけでも、ぜひお読み下さい。

子どもたちの「こころ」と「体」の成長のために大切な情報をお届けしてきた元祖「子どもたちの幸せな未来」シリーズ1期2期のバックナンバーをご案内します。

6冊セットでも、1冊ずつでも、バックナンバーのご希望の方はお申し込みください。
★送料無料でご自宅にお届けいたします。

□第1期 6冊セット8000円(税込)/各号1400円(税込)

【1号】もっと知りたい、シュタイナー幼児教育
幼稚園26年間の実践から学ぶシュタイナーの幼児教育
高橋弘子さん(那須みふじ幼稚園園長) ほか

【2号】育児、子育て 自然流って何だろう?
子どもの健康と成長を見つめた50年の結論
真弓定夫先生(真弓小児科医院 医師) ほか

【3号】どうしてますか? 子どもの性教育
「性」を通して子どもたちに伝えたいこと
北沢杏子さん(「性を語る会」代表) ほか

【4号】子どもたちを不慮のケガ・事故から守る
思いもよらぬ子どものケガ・事故/ケガ・事故を未然に防ぐ工夫
〈インタビュー〉ウテ・クレーマーさん(モンチ・アズール代表)

【5号】見えていますか? 子どものストレス、親のストレス
自分を受け入れることから始める子育て
吉良創さん(南沢シュタイナー子ども園教師) ほか

【6号】子どもの心を本当に育てる しつけと叱り方
シュタイナー教育から見たしつけと叱り方
堀内節子さん(「にじの森幼稚園」前園長) ほか

□第2期 6冊セット8000円(税込)/各号1400円(税込)

【7号】心を体を健やかに育てる食事
食卓から始まる健康子育て
東城百合子さん(料理研究家)

★好評連載★
1.大村祐子さんのシュタイナー教育相談室Q&A(1、2期)
2.初めて学ぶシュタイナーの治療教育　山下直樹さん(治療教育家)(1、2期)
3.子どもの健康と食　安部利恵さん(栄養士)(1、2期)
4.はせくらさんちの沖縄暮らしエッセイ「美ら海に抱かれて」(2期)
5.連載マンガ「子育てほっとサロン」藤村亜紀さん(2期)

BACKN

「子どもたちの幸せな未来」を考えるシリーズ　**バックナンバーのお知らせ**

シュタイナーに学ぶ子どもの病と健康、そして食事
大住祐子さん（シュタイナー医療研究家）

【8号】お話、絵本、読み聞かせ
お話が育てるこころと想像力
高橋弘子さん（那須みふじ幼稚園園長）
「おはなし」を楽しもう！
としくらえみさん（シュタイナー教育・絵画教師）　ほか

【9号】シュタイナー教育に学ぶ　子どものこころの育て方
子どもが本当に安心できる場所
高久和子さん（春岡シュタイナーこども園教師）
子どもを叱るタイミング、子どもの叱り方
森章吾さん（シュタイナー小学生クラス教師）　ほか

【10号】子育て、これだけは知りたい、聞きたい
子どもを見るってどう見ればいいの？／早期教育がよくない根拠は？／小西行郎先生（東京女子医科大学教授）
子育てが下手なのは愛情が不足しているから？／スキンシップはどれくらい必要なの？／正高信男先生（京都大学霊長類研究所教授）　ほか

【11号】子どもの感受性を育てる芸術体験
シュタイナー教育における〈芸術〉とは？
高橋弘子さん（那須みふじ幼稚園園長）
色を体験することの大切さ
大嶋まりさん（学校法人シュタイナー学園専科講師）　ほか

【12号】年齢別子育て・育児。ここがポイント
子どもの成長段階を知って、余裕の子育てを
汐見稔幸さん（東京大学大学院教育研究科教授）
病気をしない子育てを目指して
真弓定夫先生（真弓小児科医院長）　ほか

★お申し込みは……
FAX 03-3291-3030　TEL 03-3291-3011
〒101-0054　東京都千代田区神田錦町3-21　三錦ビル　ほんの木

読者と編集部がつくる

こころの広場

■4号のアンケートから

★子どもが土堂小学校に入学して1年が過ぎました。陰山校長先生のインタビュー記事を読みました。教育の内容ではなく、人間を育てるための考え方、という哲学というか、先生の思いは、私と同じなのだなと再認識しました。しかも、インタビュー記事になっていたので、いつもの陰山口調よりもソフトでよかったです。この記事を深めると一冊記事ができるのでは、と思ったり、継続して記事を載せていただけると嬉しいです。

先日、教育内容について学校で説明がありましたが、公立小学校という制約の中で、本当に努力されている姿に頭が下がります。

毎日子どもは「学校が楽しい」と通っていますが、そこには先生の努力があるのだと感謝です。

（広島県／Fさん）

――うれしいー！　ありがとうございます。お便り感謝いたします。

陰山先生の第一作『本当の学力をつける本』を読み、私はまず生活習慣についてメッセージしているなと感じました。ようやく先生のインタビュー、今後もまたお願いしたいと考えています。

（編集部）

＊＊＊＊＊＊＊＊＊

★現在、1歳8か月の子がいます。テレビもゲームもケイタイも避けて通れない現状に不安を感じており、内容は大変興味深かったです。それから、食品添加物のお話も気にはなりつつ「仕方がない」と子どもに与えてしまっている自分の責任を感じました。

「シュタイナー教育」は初めて耳にする言葉で、もう少し知りたいと思い、書籍を注文させていただきました。

（大阪府／A・Jさん）

――「子どもたちの幸せな未来」第一期一号の高橋弘子さんの記事や大村祐子さんの「シュタイナー教育に学ぶ通信講座」を是非お読みください。

（編集部）

＊＊＊＊＊＊＊＊＊

★母親のストレスになるのなら、悪い食生活、夜更かしのままでいいとアドバイスする他の育児相談にいつも落胆していました。でも、シュタイナー教育と出合って、初めて誠意の感じられる育児のヒントをいただいた気がします。

1歳4か月までほとんど母乳だけで育った野生味あふれる娘には、周囲の人たちのアドバイスも普通の育児像もまったく当てはまりませんでした。けれどもシュタイナー教育の子ども観はまさに娘のことをよく理解させてくれ、親子関係をよくしてるようになりました。

これからも2か月に一度、励ましのいっぱいつまった『子どもたちの幸せな未来』を楽しみにしながら、元気な娘と一緒に毎日をがんばって生きていきたいと思います。

（神奈川県／根木さん）

――うれしー！　鼻水が出そうです。この本やってきてよかったと……。世間にまどわされず、娘さんをすくすく育ててくださいね。（編集部）

「オランダ、北欧教育に見える？　日本の未来」（54ページ）でご紹介のリヒテルズ直子さんから、原稿への感想が届きましたので紹介します。

オランダも（そしてヨーロッパ全体も）また、今日のグローバリズムの社会変動の中で、この数年間、これまでの機会均等主義から、米型の競争主義を強調する傾向が強まっているように感じます。

そういう中で、教育についての議論も繰り返されています。

教育は、いつの世も、また、どんな社会でも常に論じられる『問題』であり、また、そうでなければならないのかもしれません。

しかし、それが、『子供の幸福』をなおざりにしたまま、権力層の目先の利害を追うことのために成される時、その社会の将来はない、と思います。

これまでの日本人は、外国の視察をしても、数年にわたる研修をしても、その対象国で『モデル』を探すことに懸命なあまり、そこでの事情を歴史的な背景や世界の動向に照らして『批判的』に見る事があまりにも少なかったのではないでしょうか。

それは、もっといえば、自国である日本の事情について、歴史的な背景や現行の世界の動向の中で位置づけながら『批判的』に見る力がないからであるに他ならない、とも思います。

オランダモデルにせよ、北欧モデルにせよ、それらの制度はどういう議論の中から生まれてきたのか、現行の制度の中には、どのような矛盾、どのような議論があるのか、出来上がった制度のもつ問題点は何か、ということまでしっかりと見据えなければ、猿真似に終わり、日本に移植すること、日本社会の良さを生かした上での建設的な企画とならないのではないでしょうか。

大村祐子さんへの質問募集

シュタイナー教育相談室Q&A（96～105ページ）への質問を募集しています。ひびきの村代表の大村祐子さんが、シュタイナー思想の立場に添って、丁寧にお答えします。（「子どもたちの幸せな未来」編集部教育相談室係まで）

【お便り募集中／送付先】

〒101-0054

東京都千代田区神田錦町3・21

三錦ビル

ほんの木「子どもたちの幸せな未来」編集部お便り係

TEL03・3291・5121

FAX03・3295・1080

editor@honnoki.co.jp

星の子物語

人や動物、植物、鉱物、母なる地球に住む　すべての兄弟たちへ

第5話（6話連載）

作・絵／はせくらみゆきさん

憧れの青い星に着いた星の子は、お父さんからもらった七色の羽を引き抜きながら旅を続けています。緑の大地や砂漠、廃墟へと、さまざまな場所を旅した星の子は、今、海の中にいます。海の仲間と愉快に遊ぶ星の子でしたが、背中の曲がった魚がいる、よどんだ場所があることを知って驚くのでした。けれどもそこで、青色の羽を引き抜くと、本当の海が蘇《よみがえ》ってきたのです。生き物たちも、星の子も大喜び！

ところが…。お話はいよいよ、クライマックスを迎えます。

10. 愛色の涙

北極では白クマが、南極ではペンギン、やっぱり地上で踊《おど》り跳《は》ねていました。

「なんてしあわせなんだろう」星の子がそう思った瞬間、遠いはるか彼方から地をつき上げるような音が聞こえました。

ドーン、ドドドドォーッ。

地ひびきが海底にまで伝わってきます。そして瞬《また》く間に海上の方から黒くよどんだ灰色のもやが降りてくるではありませんか。それもものすごい勢《いきお》いで。

魚たちは下へ下へともぐりました。けれどもそれ以上に巨大なもやの方がスピードが速かったので、いきものたちは次々と腹を浮《う》かせて死んでいきました。

星の子はキッと目をすえると、急いで衣服のそでをはいで鼻と口に巻き、灰色の海の上へと泳いで行きました。苦しみにあえぎながらも、やっとの思いで海から顔を出しました。

「いったい、これは…」星の子の目は大きく見開き、心臓は今にも破裂《はれつ》しそうな程速く脈打ちました。

赤茶けた大地、なぎ倒されズタズタになっている木々たち、所々の岩山から真っ赤な炎が牙《きば》をむいて吹き上げています。ニンゲンたちの住んでいた街並は廃墟《はいきょ》のように破壊され、人の気配がありません。鳥や動物たちの姿も見あたらないのです。

「みんなァー　どこへいっちゃったのー」

星の子は泣きながら叫《さけ》びました。誰一人その声に答えるものはなく、星の子の声だけがこだまします。

空は今までに見たこともない真っ赤な空で、すべてが静止しているように見えました。

星の子はゴホゴホ咳込《せきこ》みながらあたりの様子をうかがっていましたが、心臓がしめつけられるように苦しくなり、目もかすんできたので海の底へ戻ることにしました。ふらふらの身体で海に身をあずけながら、そろそろと漂《ただよ》うように海底へもぐって行きました。海も今や灰色どころか真っ黒なうねりとなって、海全体をおおいつくしてしまったかのように見えました。さいわい深い海の所だけは、まだきれいな水が少し残っていたようでしたので、星の子は海底にくずれるように身を横たえながら魚たちを呼んでみました。

「オーイ、オーイ、みんなだーいじょうぶー?」でも、何ひとつ返事はありません。

羽はボロボロで服もやぶけ、立つことも泳ぐこともできなくなった星の子は、最後の力を振りしぼって六番目の藍色《あいいろ》の羽を引き抜きました。それはやはり同じように藍色のきらきら光る星砂となり、

星の子物語

星の子の手元から、さらさらとこぼれ落ちて、真っ黒な海の中を漂《ただよ》い始めました。

ラロン、リラン、リリーン…ピカリ！

実は海の中には、いきものたちの流した藍色の涙たちがひそんでいたのです。藍色の涙は、星砂と交じり合うと、ピカリと光をはなちながら、愛色の海へと変わりました。真っ黒だった海が少しずつ変わってきました。やはり見かけは真っ黒ですが、よく見ると、どうも交《ま》じることのできない愛色の涙の粒《つぶ》が集まりながら真っすぐ陸の方へ向かって行きました。

ラロン、リラン、リリーン…ピカリ！

やがて、愛色の涙の粒が海に面した陸のまわりをぎっしりとおおい始めたのです。ゆっくりでしたが、それは確かに進められました。

愛色の涙たちが陸地のまわりをぐるりとおおった時、不思議な音が聞こえ始めました。

ドックン、ドックン

大地が呼吸し始めたのです。低く力強く脈打つひびき——ドックン、ドックン——陸に住むものたちの流した藍色《あいいろ》の涙も、それに呼応《こおう》して大地の深い祈りに呼びおこされ次々と愛色の涙へと変わり、色を失った世界の中でキラキラと光をはなっていました。

（つづく）

「自然流とシュタイナー」子育て・幼児教育シリーズ⑥

免疫力を高めて子どもの心と体を守る

子どもの病気を心配するあまり、保護をしすぎると子どもの体は十分な免疫力が育たなくなってしまいます。

アレルギー、アトピー、喘息の原因は口呼吸!?　健やな子どもを育てるために欠かせない免疫力について知ってください。

〈連載〉

☆☆大村祐子さんの「シュタイナー教育相談室Q＆A」

☆☆「子育てママの元気講座　心はいつも晴れマーク」はせくらみゆきさん

☆☆「始めませんか？　台所からの子育て」安部利恵さん

☆☆エッセイ＆マンガ「子育てほっとサロン」藤村亜紀さん

子育ての悩み、人生の悩みを、大村祐子さんへ相談してみませんか？

北海道伊達市の「ひびきの学校」代表を務める大村祐子さんが、シュタイナーの哲学や教育にと大村さんの経験から、丁寧にお答えいたします。匿名希望の方はその旨を明記してください。「シュタイナー教育相談室Q＆A」（96〜105P）で掲載させていただきます。

あなたのアイデアで誌面を作ります。

このシリーズへのご意見・ご感想をお寄せください。面白かった記事、ためになった記事、つまらかったこと、あなたが読みたい人、聞いてみたいこと、知りたいことなどをお知らせください。あなたのアイデアを反映してページを作っていきます。

メール／info@honnoki.co.jp
ファックス／03-3295-1080
郵送／ほんの木　〒101-0054
東京都千代田区神田錦町3-21　三錦ビル

「自然流とシュタイナー」子育て・幼児教育シリーズ⑤

早期教育と学力、才能を考える

2005年6月20日 第1刷発行
2006年10月1日 第2刷発行

編集・制作　(株)パン・クリエイティブ
プロデュース　柴田敬三
〒101-0054 東京都千代田区神田錦町 3-21
三錦ビル
Tel.03-3291-5121　Fax.03-3295-1080
編集人　戸矢晃一
発行人　高橋利直
発　売　(株)ほんの木
〒101-0054 東京都千代田区神田錦町3-21
三錦ビル
Tel.03-3291-3011　Fax.03-3291-3030
http://www.honnoki.co.jp/
E-mail　info@honnoki.co.jp

郵便振替口座　00120-4-251523
加入者名　ほんの木
印刷所　中央精版印刷株式会社

BookSho
本の通信販売

今号でご登場いただいた方々の著作は、
ほんの木の通信販売でお求めいただけます。

【ご注文・お問い合わせ】
〈電話〉03-3291-3011（月～金9:00～18:00、土～17:00）
〈FAX〉03-3291-3030（24時間）
〈郵便振替〉00120-4-251523　〈加入者〉ほんの木
〈送料〉1回のご注文が10,500円（税込）未満の方は368円がかかります。
〈代引手数料〉1回のご注文が5,250円（税込）以上の方は無料。5,250円（税込）以下は210円がかかります。
離島、国外へは別途実費がかかります。

見尾三保子さん
お母さんは勉強を教えないで

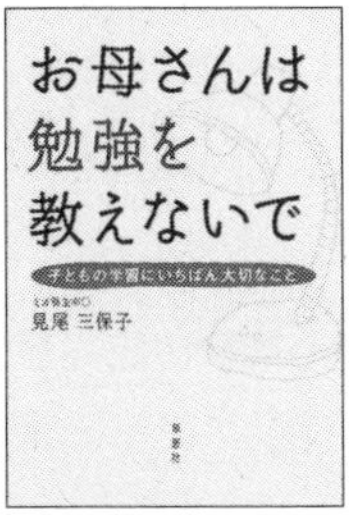

見尾三保子著
草思社刊
定価:本体1,365円＋税
2002年10月22日

正解を出すための「方法」ばかりを身につけ「理解」をさせない勉強方法がいかに子どもの学力を妨げているか。自宅の学習塾で40年以上も小学生から大学受験生までを教えてきた著者が、学力を伸ばすために本当に必要なことを提言する。

汐見稔幸さん
このままでいいのか、超早期教育

汐見稔幸著
大月書店
定価:本体1,300円＋税
1993年6月18日刊

早期教育が流行り始めた頃に、教室や塾を訪れて、その長所と短所を丁寧に書いたのが本書である。超早期教育とは、それまでの4～5歳からではなく0～1歳から始める早期教育のこと。ここでの指摘はいまも基本的に変わっていない。

吉良創さん
シュタイナー教育のまなざし

吉良創著
学習研究社
定価:本体1,680円＋税
2003年11月13日

シュタイナー幼稚園の教師が、子どもへの接し方は、子どものありのままを見ることによって子ども自身が教えてくれるというシュタイナー教育の立場から、具体的に解説した子どもへの接し方と育て方。親子関係のヒント満載の一冊。

グレゴリー・クラークさん
なぜ日本の教育は変わらないのですか

グレゴリー・クラーク著
東洋経済新報社
定価:本体1,700円＋税
2003年9月25日刊

日本の学生の潜在能力は高いのに、現在の学歴社会と受験地獄がその頭脳を腐らせている。自主性が重んじられない日本的な価値観が、教育問題をさらに困難にしている。30年間、日本を見つめ続けた著者が説く骨太の教育論。

高田明和さん
最新脳科学が教える子どもの脳力を伸ばす法

高田明和著
リヨン社
定価:本体1,300円＋税
2005年2月14日

子どものやる気、学力、問題行動などと脳には密接な関係があることが明らかになってきた。最新の脳科学を踏まえ、従来通りからの経験や心理的な解釈によるアドバイスではなく、何が問題で、どうしたら良いのかを科学的に解説する。

シュタイナーを、もっと知りたい人へ。

本誌「シュタイナー教育Q＆A」でおなじみの、ひびきの村ミカエル・カレッジ代表、大村祐子さんが、3年間にわたって著したシリーズ『シュタイナー教育に学ぶ通信講座』をご存知ですか？　全18冊。1期全6冊は入門編。2期全6冊がいわば中級編。3期は大人のためのシュタイナー教育、全6冊です。わかりやすいと大好評でした。

　シュタイナーは難しい……という話がよく語られてます。特に思想的な本はちょっと大変かもしれません。この全18冊は、大村さんの人生論的で、実体験から書かれているシュタイナー教育なので、わかりやすいのです。

（既刊）●1期全6冊6000円　●2期全6冊8000円　●3期全6冊8400円。（いずれも送料無料・税込）

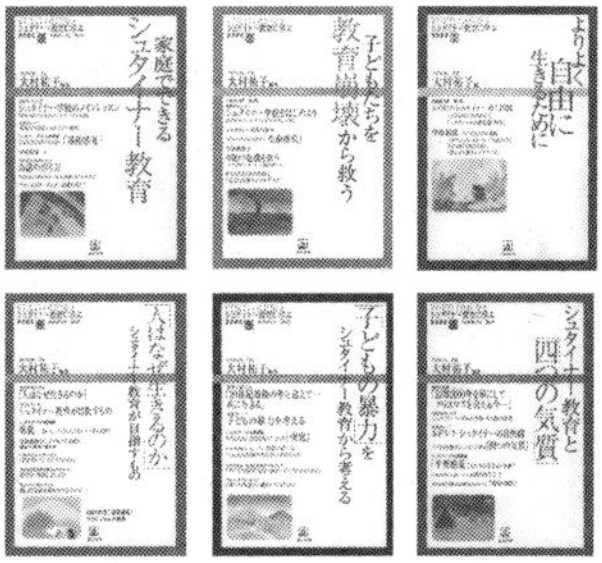

子ども達にも、心と体の自然治癒力！

自然治癒力、免疫力。今や健康のキーワードです。病気にならない、なりにくい体を子どもたちに与えたいですね。どうすればそうなるのでしょうか。

　それは大人も子どもも同じです。日常の生活習慣や、食事、運動、ストレス、笑いなど誰にでも、どこのご家庭でも実践できる工夫が満載。ちょっと読んで、すごく学べるのが、ほんの木『自然治癒力を高める』講座シリーズです。●年4回刊。1冊1680円（税込）。送料無料税込です。内容等ぜひお問合せ下さい。

ほんの木　電話 03（3291）3011
ファックス03（3291）3030

「子どもたちの幸せな未来」シリーズ①～⑫、既刊本にご注目！　1冊送料税込1,400円

「子どもたちの幸せな未来」シリーズは、第1期全6冊、第2期全6冊、計①～⑫がすでに発行されています。他のどの幼児教育誌より、「中身が濃くて豊かだ」という評判もあり、うれしい限りです。まだご覧になっていない方は、お好きなテーマをぜひ一度、1冊でよいですからお読み下さい。また、もう読んでます、という方、お友達にぜひおすすめいただけませんか。本当に自信作なのです。（本音は…もっと売りたい！）

●お問合せは　ほんの木 電話 03（3291）3011　ファックス 03（3291）3030まで

詳しくは今号71頁をご覧ください

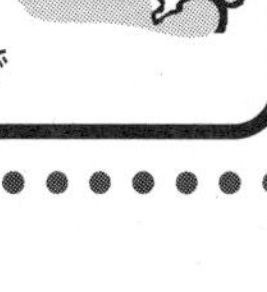

読者のみなさまへ

いつもご購読ありがとうございます。皆様のご意見を誌面に反映させていただきたいと思いますので、本書をごらんになった感想をお聞かせください。

子どもたちの幸せな未来⑤「早期教育と学力、才能を考える」アンケート

(1) 表紙や体裁についてどうお感じになられましたか？

表　紙　□好き　□どちらでもない　□嫌い
ページ数　□厚すぎる　□ちょうど良い　□薄い
判　型　□小さい　□ちょうど良い　□大きい
よみやすさ　□文字が小さい　□ちょうどよい　□量が多くて読み切れない

(2) 本誌4号をご覧になった感想をお聞かせ下さい。該当するものに○をおつけください。

内　容……非常によい　ややよい　ちょうどよい　いまひとつ　あまりよくない
文　章……かなり難しい　ややわかりにくい　ちょうどよい　やさしい　簡単すぎる
写真・イラストの量……多い　ちょうどよい　少ない　その他（　　　　　　）

(3) 良かった記事はどれですか？（○をつけてください）

□子どもに話してあげたい、ちっちゃなお話⑤（大村祐子さん）／□幼児期の基本は生活と遊びの豊かさ（汐見稔幸さん）／□脳から学ぶ早期教育、学力、そして才能（高田明和さん）／□子どもに本当に必要なことを見極めながら（吉良創さん）／□“自立する力”を邪魔しないで（見尾三保子さん）／□子どもには「チャレンジするこころ」を（グレゴリー・クラークさん）／□オランダ・北欧教育に見える？日本の未来（柴田敬三）／□〈まとめ〉早期教育とのつきあい方／□子育てコラム「あんな話こんな話」／□〈連載〉子育てほっとサロン（藤村亜紀さん）／□〈連載〉子育てママの元気講座「心はいつも晴れマーク」（はせくら みゆき さん）／□マニュアルを超えたシュタイナー教育（仲正雄さん）／□暴走する快速電車から降りて（吉田敦彦さん）／□子どもを危険な食品から守るために（安部 司さん）／□連載著者の近況報告／□大村祐子さんのシュタイナー教育相談室Q＆A／□［連載］始めませんか？　台所からの子育て⑤（安部利恵さん）／□子育ての本、ひろい読み／□読者と編集部がつくる　こころの広場／□星の子物語（はせくら みゆき さん）

(4) あなたのお子さんはどんな塾や教室に週に何回行っていますか？また、そこを決めた理由は何ですか？

(5) 今号、あるいは本誌全体についてご意見・ご感想をご自由にお書きください。執筆者へのメッセージもどうぞ。

(6) 本誌に登場していただきたい方、または取り上げて欲しいテーマがあれば教えてください。

(7) 子育て、育児、子どもたちのことなどで心配、困っていることなどがありましたらお書きください。（まわりの子どもたち、世間一般のことでも結構です）

ご協力ありがとうございました。

●ご記入いただいたアンケート用紙は、大変お手数ですが、FAXまたは郵送にてお送りください。

FAX 03-3295-1080　ほんの木

〒101-0054 東京都千代田区神田錦町3-21　三錦ビル2F　ほんの木「子どもたちの幸せな未来」編集部